कथा मंजरी

कथा मंजरी

सम्पादक

रामदरश मिश्र

स्वर्ण जयन्ती

ISBN : 81-88599-79-4

स्वर्ण जयन्ती
4695/21-ए, दरियागंज,
नयी दिल्ली-110002
द्वारा प्रकाशित

संस्करण : 2010
आवृत्ति : 2016

मूल्य : ₹60.00

हर्ष प्रिंटर्स, दिल्ली-110093
द्वारा मुद्रित

KATHA MANJARI
Edited by : Ramdarash Mishra

अनुक्रम

हिंदी कहानी का विकास

कहानी गद्य साहित्य का अत्यंत लोकप्रिय रूप है। विश्वभर के साहित्य में प्राचीन काल से ही कहानी की परंपरा के सूत्र खोजे जा सकते हैं। भारत में भी कथा-साहित्य की लंबी और विकासमान परंपरा रही है। वेदों, उपनिषदों, बौद्धजातकों, पुराणों और महाभारत के अनेक प्रसंगों में विभिन्न कथाओं के सूत्र बिखरे हुए हैं। विशेष रूप से पंचतंत्र और हितोपदेश की कहानियाँ विश्व भर में प्रसिद्ध हैं। किंतु गद्य की जिस विशिष्ट विधा को आधुनिक युग में 'कहानी' नाम दिया गया उसका स्वरूप प्राचीन भारतीय कथाओं से बिल्कुल भिन्न है। वस्तुतः आधुनिक कहानी अंग्रेजी की 'शॉर्ट स्टोरी' (और बांग्ला के 'गल्प') के प्रभाव से उपजी और विकसित हुई है।

हिंदी कहानी का उद्‌भव और विकास बीसवीं शताब्दी की देन है। यद्यपि कुछ विद्वान राजा शिवप्रसाद सितारेहिंद की रचना 'राजा भोज का सपना', सैयद इंशा अल्लाखाँ की 'रानी केतकी की कहानी' और भारतेंदु हरिश्चंद्र की 'अद्‌भुत अपूर्व स्वप्न' आदि रचनाओं को हिंदी की प्रारंभिक कहानियाँ स्वीकार करते हैं लेकिन इन रचनाओं में आधुनिक कहानी के मूल तत्त्वों का अभाव है। सन् 1900 ई. में हिंदी की महत्त्वपूर्ण साहित्यिक पत्रिका 'सरस्वती' का प्रकाशन हुआ तभी से हिंदी कहानी की विकास-यात्रा प्रारंभ हुई। 'सरस्वती' के साथ-साथ 'हिंदी प्रदीप' तथा 'छत्तीसगढ़ मित्र' आदि पत्रिकाओं ने भी कहानी के विकास में महत्त्वपूर्ण योगदान दिया। 1900 ई. में 'सरस्वती' में किशोरीलाल गोस्वामी की कहानी 'इंदुमती' का प्रकाशन हुआ, जिसे बहुत समय तक हिंदी की पहली कहानी माना जाता रहा। बाद में इस कहानी पर शेक्सपियर की 'टेम्पेस्ट' का प्रभाव सिद्ध हो जाने के कारण इसकी मौलिकता पर प्रश्नचिह्न लग गया। लाला भगवानदीन की 'प्लेग की चुड़ैल' (1902), रामचंद्र शुक्ल की 'ग्यारह वर्ष का समय' (1903), बंग महिला की 'दुलाई वाली', माधवराव सप्रे की 'एक टोकरीभर मिट्टी' तथा 'एक पथिक का स्वप्न' आदि हिंदी की प्रारंभिक कहानियाँ हैं। इसमें से पहली मौलिक कहानी किसे माना जाए इस पर विद्वान एकमत नहीं हैं लेकिन इन सभी प्रारंभिक कहानियों ने मिलकर

हिंदी कहानी के लिए ठोस भूमिका तैयार की।

'इंदु' पत्रिका के प्रकाशन के साथ हिंदी कहानी के विकास को गति मिली। 1911 में जयशंकर प्रसाद की कहानी 'ग्राम' इंदु में प्रकाशित हुई। प्रसाद के साथ ही प्रेमचंद तथा चंद्रधर शर्मा 'गुलेरी' का कहानी जगत में प्रवेश हुआ। इन तीनों कहानीकारों ने हिंदी कहानी को व्यवस्थित रूप दिया।

प्रेमचंद का प्रवेश हिंदी कहानी के लिए क्रांतिकारी घटना सिद्ध हुई। सच्चे अर्थों में मुंशी प्रेमचंद को हिंदी कहानी का जनक और पोषक माना जा सकता है। प्रेमचंद के अनुसार, "सबसे उत्तम कहानी वह होती है जिसका आधार किसी मनोवैज्ञानिक सत्य पर हो।" इसी विचार के अनुरूप उन्होंने घटनाओं के साथ-साथ चरित्रों की महत्-प्रतिष्ठा की। उन्होंने अपने पात्रों को यथार्थ की भावभूमि पर प्रस्तुत किया। मनुष्य को वास्तविक परिवेश के बीच उसकी समस्त शक्तियों और दुर्बलताओं के साथ अंकित किया। यथार्थ के धरातल पर स्थित होने के कारण इनकी कहानियों की भाषा शैली भी सरल, सहज, मुहावरेदार और प्रवाहपूर्ण है। प्रेमचंद ने लगभग तीन सौ कहानियाँ लिखीं जो 'मानसरोवर' नाम से आठ खंडों में संकलित हैं। 'पंच परमेश्वर', 'बड़े घर की बेटी', 'मंत्र', 'मुक्ति मार्ग', 'दो बैलों की कथा', 'बूढ़ी काकी', 'शतरंज के खिलाड़ी', 'पूस की रात', 'कफन' आदि इनकी महत्त्वपूर्ण कहानियाँ हैं। हिंदी कहानी को व्यवस्थित कर उसे प्रौढ़ रूप प्रदान करने वाले कहानीकार प्रेमचंद के नाम पर ही इस युग की हिंदी कहानी को 'प्रेमचंद युग' के नाम से जाना जाता है।

जयशंकर प्रसाद ने 'ग्राम' कहानी के द्वारा हिंदी कहानी में प्रवेश किया। प्रेमचंद के समकालीन होने पर भी प्रसाद की कहानियाँ विषय और शिल्प के स्तर पर प्रेमचंद से एकदम अलग हैं। प्रसाद की कहानियों में संस्कृति, इतिहास और परंपरा के स्वर प्रबल हैं। ये कहानियाँ भाव प्रधान हैं इनका मूल विषय राष्ट्रीयता, प्रेम, कर्तव्य, त्याग आदि आदर्श मूल्यों से जुड़ा हुआ है। प्रसाद की कहानियों में पात्रों के भीतर चलते अंतर्द्वंद्व का काव्यात्मक चित्रण हुआ है। विषय के अनुरूप उनकी भाषा भी परिष्कृत और संस्कृतनिष्ठ है। 'आकाशदीप', 'पुरस्कार', 'ममता', 'गुंडा', आदि उनकी प्रमुख कहानियाँ हैं।

चंद्रधर शर्मा 'गुलेरी' ने 'बुद्धू का काँटा', 'सुखमय जीवन' और 'उसने कहा था' नामक तीन ही कहानियाँ लिखीं। कहानी के क्षेत्र में उनकी प्रसिद्धि का आधार 'उसने कहा था' रही है। यह गुलेरी जी की ही नहीं हिंदी की भी अत्यंत मार्मिक, प्रभावशाली और लोकप्रिय कहानी मानी जाती है।

इस युग में प्रेमचंद की यथार्थवादी सामाजिक दृष्टि लेकर अनेक रचनाकार कहानी लेखन में प्रवृत्त हुए। विश्वंभरनाथ शर्मा 'कौशिक' ने 'काकी', 'न्याय' आदि कहानियाँ लिखीं। सुदर्शन ने 'हार की जीत', 'सूरदास' आदि कहानियों

द्वारा यथार्थोन्मुख आदर्शवादी कहानियों की परंपरा को आगे बढ़ाया। प्रेमचंद की इस सुधारवादी और आदर्शवादी परंपरा के साथ-साथ आचार्य चतुरसेन और पांडेय बेचन शर्मा 'उग्र' ने सामाजिक कुप्रथाओं, रूढ़ियों और मृत परंपराओं के विरुद्ध विद्रोह की कहानियाँ लिखीं। चतुरसेन की रचनाओं में 'दुखवा मैं कासे कहूँ मोरी सजनी' और 'दे खुदा की राह पर' कहानियों को काफी प्रसिद्धि मिली। उग्र की 'चाकलेट', 'गोली', 'जल्लाद' आदि कहानियाँ प्रसिद्ध हुईं।

प्रसाद की भावात्मक शैली पर चंडीप्रसाद हृदयेश, रायकृष्ण दास, विनोद शंकर व्यास आदि ने कहानियाँ लिखीं। वृंदावनलाल वर्मा की कहानियाँ सोद्देश्य तथा ऐतिहासिक हैं। प्रेमचंद युग के अन्य प्रसिद्ध कहानीकार हैं—पारसनाथ त्रिपाठी, जिज्जा, ज्वालादत्त शर्मा, राधिकारमण सिंह आदि। समय के साथ-साथ हिंदी कहानी के प्रकारों में भी विविधता आई और चरित्र प्रधान, वातावरण प्रधान, कथानक प्रधान, कार्य प्रधान, प्रतीक संबंधी, हास्य प्रधान आदि अनेक प्रकार की कहानियाँ लिखी गईं। शैली की दृष्टि से भी वर्णनात्मक, संभाषणात्मक, पत्र, डायरी आदि विविध विधियाँ अपनाई गईं।

प्रेमचंद युग के बाद हिंदी कहानी अनेक नवीन धरातलों पर विकसित हुई। हिंदी कहानी लेखन पर रूस की मार्क्सवादी विचारधारा तथा फ्रायड के यौन सिद्धांत का भी व्यापक प्रभाव पड़ा। प्रेमचंद के पश्चात् हिंदी कहानी में नई दृष्टि और सशक्त शिल्प लेकर आने वाले लेखक हैं—जैनेंद्र। उनकी कहानियों में हृदय जगत की सूक्ष्म मनोवृत्तियों का विश्लेषण है। विचार उनकी कहानियों के केंद्र में है और ऊपर से सीधी सपाट लगती भाषा मन के गूढ़ रहस्यों को खोलने में समर्थ है। 'एक रात', 'ध्रुव यात्रा, 'नीलम देश की राजकन्या' आदि इनके प्रमुख कहानी-संग्रह हैं।

जैनेंद्र के समान ही मनोवैज्ञानिक कहानियाँ लिखने वाले महत्त्वपूर्ण रचनाकार हैं—अज्ञेय और इलाचंद्र जोशी। अज्ञेय की कहानियाँ चरित्र प्रधान हैं और उनमें जीवन के बाह्य संघर्ष की अपेक्षा अंतःसंघर्ष का चित्रण मनोवैज्ञानिक ढंग से किया गया है। 'खेल', 'कड़ियाँ', 'प्रतिध्वनियाँ', 'रोज', 'शरणदाता', आदि उनकी विख्यात कहानियाँ हैं। इलाचंद्र जोशी की कहानियाँ मनोविश्लेषणवाद से प्रभावित हैं।

यशपाल प्रगतिवादी विचारधारा से प्रभावित होकर लिखने वाले महत्त्वपूर्ण कहानीकार हैं। इनकी कहानियाँ सामाजिक यथार्थ से जुड़ी हुई हैं। उन्होंने समाज की सभी समस्याओं का केंद्र आर्थिक परिवेश को माना है। यशपाल की कहानियाँ रूढ़िग्रस्त समाज के खोखलेपन को उजागर करती हैं। 'प्रतिष्ठा का बोझ', 'पुलिस की दफा', 'सुख-दुख', 'पराया सुख', 'परदा' आदि इनकी महत्त्वपूर्ण कहानियाँ हैं।

यशपाल के अतिरिक्त मन्मथनाथ गुप्त, रांगेय राघव, भैरवप्रसाद गुप्त, नागार्जुन, अमृतराय, चंद्रगुप्त विद्यालंकार, विष्णु प्रभाकर आदि कहानीकारों ने भी सामाजिक सोद्देश्यता को अपनी कहानियों में व्यक्त किया। रांगेय राघव की कहानियाँ जीवन

के गहरे अनुभवों से जुड़ी हैं। अमृतराय ने मध्यवर्ग की कुंठाओं का चित्रण किया है। चंद्रगुप्त विद्यालंकार की कहानियों में कथ्य और शिल्प की ताजगी है। विष्णु प्रभाकर ने समसामयिक पारिवारिक-सामाजिक जीवन को लेकर कहानियाँ लिखीं।

सन् 1950 के लगभग हिंदी कहानी में नई प्रवृत्तियों और शिल्प विधाओं का उदय हुआ। वस्तुतः स्वतंत्रता के बाद भारत की राजनीतिक और सामाजिक स्थितियों में जो परिवर्तन आए उन्होंने वैचारिक स्तर पर भी युवा कथाकारों को झकझोरा। 'नई कहानी' नाम से जिस आंदोलन की शुरुआत हुई उसने शाश्वत मूल्यों की अपेक्षा अनुभव की प्रामाणिकता पर अधिक बल दिया। नए कहानीकारों में मोहन राकेश, कमलेश्वर, निर्मल वर्मा, राजेंद्र यादव, भीष्म साहनी, धर्मवीर भारती और अमरकांत आदि ने महानगरों के जीवन को अपना कथ्य बनाया। विघटित होते सामाजिक और पारिवारिक मूल्य, संबंधों के बदलते स्वरूप और उसके कारण व्यक्ति का अकेलापन, टूटन और त्रास इनकी कहानियों में उद्घाटित हुए। मार्कंडेय, फणीश्वरनाथ रेणु, शिवप्रसाद सिंह ने ग्रामीण जीवन के अनुभवों की सुंदर कहानियाँ लिखीं।

नई कहानी और उसके बाद के कहानी आंदोलनों में महिला लेखिकाओं ने भी महत्त्वपूर्ण योगदान दिया है। मन्नू भंडारी, कृष्णा सोबती, शिवानी, उषा प्रियंवदा, ममता कालिया, मेहरुन्निसा परवेज, चित्रा मुद्गल, नासिरा शर्मा, मृदुला गर्ग, मैत्रेयी पुष्पा, चंद्रकांता आदि अनेक लेखिकाओं ने नारी जीवन को केंद्र बनाकर समकालीन समाज के जटिल यथार्थ को अभिव्यक्त किया। स्त्री की परंपरागत छवि के विपरीत इनकी कहानियों में स्वाधीनता के लिए संघर्ष करती, अपनी स्वतंत्र पहचान स्थापित करती आत्मनिर्भर नारी की सशक्त छवि उभरी है, स्त्री जीवन की समस्याओं के अंकन के साथ-साथ समाज में व्याप्त विसंगतियों को भी इन लेखिकाओं ने स्वर दिया है।

'नई कहानी' के बाद हिंदी कहानी निरंतर नई दिशाओं में विकसित होती रही है। नई कहानी ने यथार्थ की अभिव्यक्ति और अनुभूति की ईमानदारी पर बहुत बल दिया था। उसके बाद भी यथार्थ की अनेक परतें कहानियों में खुलती रहीं। बहुत-से कथा-आंदोलन एक विशेष दृष्टि के आग्रह से जीवनगत यथार्थ को अंकित करने में संलग्न रहे। 'अकहानी', 'समांतर कहानी', 'सचेतन कहानी', 'जनवादी कहानी'—इन सभी कहानी आंदोलनों ने कहानी के विकास में अपनी भूमिका निभाई और फिर समय के धुँधलके में खो गए। नई कहानी के बाद कोई एक विशेष प्रवृत्ति केंद्र बनकर सभी रचनाकारों को एक सूत्र में बाँधे रही हो ऐसा नहीं हुआ।

अलग-अलग रचनाकारों का अपना विशिष्ट स्वर है। नेहरू युग के बाद का मोहभंग कहानी को बाह्य यथार्थ की अपेक्षा मनःस्थिति पर अधिक केंद्रित करता रहा है। भविष्य की कोई स्पष्ट निर्दिष्ट राह सामने नहीं रही। उस पूरे युग यथार्थ

के प्रति ऊब, निराशा और घुटन की अभिव्यक्ति ज्ञानरंजन, दूधनाथ सिंह, काशीनाथ सिंह, गंगाप्रसाद विमल, रवींद्र कालिया आदि रचनाकारों की कहानियों में हुई। दूसरी ओर उसी समय में हरिशंकर परसाई, सर्वेश्वर दयाल सक्सेना, असगर वजाहत आदि की प्रतिबद्ध व्यंग्यपरक रचनाएँ भी सामने आईं।

बदलते समय के साथ-साथ समस्याएँ भी बदल रही हैं। राजनीति, व्यवस्था के सभी रूपों पर हावी होकर उसे भीतर से खोखला कर रही है। समाजवाद के अंत तथा भूमंडलीकरण के नाम पर एकध्रुवी होती दुनिया में पूँजीवाद का नया संकट उठ खड़ा हुआ है। मीडिया की ताकत का बोलबाला है और उसके सामने व्यक्ति-अस्मिता संकटग्रस्त हो रही है। उत्तर-आधुनिक समाज की सच्चाइयों ने कहानी के स्थापित ढाँचे में—उसके कथ्य और शिल्प में बहुत से परिवर्तन किए। इनके अतिरिक्त स्त्री-विमर्श और दलित-विमर्श के मुद्दे भी जोर-शोर से उठाए गए हैं। कहानीकारों की एक लंबी पंक्ति अपने-अपने दृष्टिबोध के साथ इन सभी स्थितियों की ओर ध्यान आकृष्ट कर रही है। जहाँ तक आज की कहानी की स्थिति और गति का सवाल है वहाँ यह निश्चित रूप से कहा जा सकता है कि कहानी उत्तरोत्तर विकास कर रही है और सामाजिक ढाँचे के प्रति आलोचना एवं आत्मविश्लेषण की दृष्टि पैदा कर साहित्य और समाज दोनों में अपनी सक्रिय भूमिका निभा रही है। आज के विशिष्ट कहानीकारों में बहुत-से नाम उल्लेखनीय हैं—उदय प्रकाश, अब्दुल बिस्मिल्लाह, शिवमूर्ति, सृंजय, संजीव, संजय खाती, सतीश जमाली, धीरेंद्र अस्थाना, स्वयं प्रकाश, अरुण प्रकाश, अलका सरावगी, गीतांजलि श्री, जया जादवानी, ओमप्रकाश वाल्मीकि, अजय नावरिया आदि। हिंदी कहानी आज भी कथ्य और शिल्प के नए प्रतिमान रचते हुए विकास की अनेक दिशाओं में आगे बढ़ रही है।

—सम्पादक

प्रेमचंद

(1880-1936)

हिन्दी कथा-साहित्य के सुप्रतिष्ठित हस्ताक्षर प्रेमचंद जी का जन्म वाराणसी के पास 'लमही' नामक गाँव में हुआ। आपको पढ़ाई तथा जीविका के लिए दीर्घ संघर्ष करना पड़ा है। आप मानवता के आदर्श को प्रतिष्ठित करनेवाले सच्चे कलाकार हैं। आपने हिन्दी कहानी को सर्वप्रथम सामाजिक भूमि प्रदान की। अपनी कहानियों-उपन्यासों के माध्यम से आपने पिसता हुआ मध्यम-वर्ग, शोषित किसान की घुटन, स्त्री और दलितों की पीड़ा प्रभावी रूप से शब्द-बद्ध की है। आदर्शवाद से शुरू हुई आपकी कहानी यात्रा यथार्थवाद पर आकर रुकती है। ग्रामीण जीवन का जीता-जागता सूक्ष्म चित्रण मनोवैज्ञानिकता के साथ प्रस्तुत करने में आपको अद्वितीय सफलता मिली है।

प्रेमचंद जी की 'कफन', 'पूस की रात', 'पंच परमेश्वर', 'सद्गति,' 'घरजमाई' आदि कहानियाँ प्रसिद्ध हैं जो 'मानसरोवर'–आठ खंडों में संपादित की गई हैं। 'सेवासदन,' 'निर्मला', 'रंगभूमि', 'प्रेमाश्रम,' 'गबन', 'गोदान' आदि आपके उपन्यास बहुचर्चित रहे हैं।

प्रेमचंद सामंतवाद, उपनिवेशवादी साम्राज्यवाद के नीचे कराहते चरित्रों के कथाकार हैं, इसलिए उनके यहाँ या तो संस्कारों से जूझते निम्न-मध्यवर्ग की कहानियाँ हैं या शोषित सर्वहारा की–शायद यही कारण है कि प्रेमचंद का मुख्य सरोकार ज़मीन से जुड़े किसान हैं, उनके जीवन की वे यातनाएँ हैं जो उन्हें लगभग आत्महत्या तक धकेल देती हैं। तत्कालीन भूमि-समस्या को समझे बिना प्रेमचंद के किसानों की यातनाओं, उनके जीवन-संघर्ष को समझना असंभव है।

यह भीषण दुर्भाग्य ही है कि प्रेमचंद आज भी हमारे लिए प्रासंगिक और समकालीन हैं क्योंकि न किसानों और ज़मीन की समस्या हल हुई न भूमिहीन मज़दूरों को श्रम-शोषण से मुक्ति मिली। बल्कि उसमें स्त्रियों, दलितों, आदिवासियों और अल्पसंख्यकों के नए आयाम और जुड़ गये। आज भी वही कर्जों में किसानों की आत्महत्याएँ, कोई वैकल्पिक व्यवस्था किये बिना विकास के नाम पर हृदयहीन

विस्थापन और वही रोज़गार के लिए शहरों के लिए शहरों में पलायन। बढ़ती झुग्गी-झोपड़ियाँ और उन पर चलते बुलडोजर या रोज़ लगाई जाती आग। अनवरत श्रम, बेपनाह गरीबी और साये की तरह लगी भूख कैसे संवेदन-क्षमता को बिल्कुल नष्ट-भ्रष्ट कर देती है—'कफन' के घीसू और माधव के अमानवीयकरण (डिह्यूमनाइजेशन) द्वारा प्रेमचंद इसी हृदयविदारक सत्य का उद्घाटन करते हैं।

कफन

: 1 :

झोंपड़े के द्वार पर बाप और बेटा, दोनों एक बुझे हुए अलाव के सामने चुपचाप बैठे हुए हैं और अन्दर बेटे की जवान बीबी बुधिया प्रसव-वेदना से पछाड़ खा रही थी। रह-रहकर उसके मुँह से ऐसी दिल हिला देने वाली आवाज निकल रही थी कि दोनों कलेजा थाम लेते थे। जाड़ों की रात थी, प्रकृति सन्नाटे में डूबी हुई। सारा गाँव अन्धकार में लय हो गया था।

घीसू ने कहा, "मालूम होता है, बचेगी नहीं। सारा दिन दौड़ते ही गया, जा, देख तो आ।"

माधव चिढ़कर बोला, "मरना ही है तो जल्दी मर क्यों नहीं जाती, देखकर क्या करूँ?"

'तू बड़ा बेदर्द है बे! साल-भर जिसके साथ सुख-चैन से रहा, उसी के साथ इतनी बेवफाई!'

"तो मुझसे तो उसका तड़पना और हाथ-पाँच पटकना नहीं देखा जाता।"

चमारों का कुनबा था और सारे गाँव में बदनाम। घीसू एक दिन काम करता, तीन दिन आराम। माधव इतना कामचोर था कि आध घण्टे काम करता तो घण्टे-भर चिलम पीता। इसलिए उन्हें कहीं मजदूरी नहीं मिलती थी। घर में मुट्ठी-भर भी अनाज मौजूद हो, तो उनके लिये काम करने की कसम थी। जब दो-चार फाके हो जाते तो घीसू पेड़ पर चढ़कर लड़कियाँ तोड़ लाता और माधव बाजार में बेच आता तथा जब तक पैसे रहते, दोनों इधर-उधर मारे-मारे फिरते। जब फाके की नौबत आ जाती तो फिर लड़कियाँ तोड़ते या मजदूरी तलाश करते। गाँव में काम की कमी न थी। किसानों का गाँव था, मेहनती आदमी के लिये पचास काम थे। मगर इन दोनों को लोग उसी वक्त बुलाते, जब दो आदमियों से एक का काम पाकर भी सन्तोष कर लेने के सिवा और कोई चारा न होता। विचित्र जीवन था इनका! घर में मिट्टी के दो-चार बर्तनों के सिवा कोई सम्पत्ति नहीं। फटे चीथड़े से अपनी नग्नता को ढाँके हुए जिये जाते थे। संसार की चिन्ताओं से मुक्त। कर्ज से लदे हुए। गालियाँ भी

खाते, मार भी खाते, मगर कोई भी गम नहीं। दीन इतने कि वसूली की आशा न रहने पर भी लोग इन्हें कुछ-न-कुछ कर्ज दे देते थे। मटर-आलू की फसल में दूसरों के खेतों से मटर या आलू उखाड़ लाते और भून-भूनकर खा लेते, या दस-पाँच ऊख उखाड़ लाते ओर रात को चूसते। घीसू ने आकाश-वृत्ति से आठ साल की उम्र काट दी और माधव भी सपूत बेटे की तरह बाप के ही पदचिन्हों पर चलता रहा था, बल्कि उसका नाम और भी उजागर कर रहा था। इस वक्त भी दोनों अलाव के सामने बैठकर आलू भून रहे थे, जो कि किसी के खेत से खोद लाये थे। घीसू की स्त्री का तो बहुत दिन हुए देहान्त हो गया। माधव का ब्याह पिछले साल हुआ था। जब से यह औरत आयी थी, उसने इस खानदान में व्यवस्था की नींव डाली। पिसाई करके या घास छीलकर वह सेर-भर आटे का इन्तजाम कर लेती थी और इन दोनों बेगैरतों का दोजख भरती रहती थी। ज़ब से वह आयी, ये दोनों और भी आलसी और आराम-तलब हो गये थे, बल्कि कुछ अकड़ने भी लगे थे। कोई कार्य करने को बुलाता, तो निर्व्याज भाव से दुगुनी मजदूरी माँगते। वही औरत आज प्रसव-वेदना से मर रही थी और ये दोनों शायद इसी इन्तजार में थे कि वह मर जाय तो आराम से सोएँ।

घीसू ने आलू निकालकर छीलते हुए कहा, "जाकर देखें तो क्या दशा है उसकी? चुड़ैला का फिसाद होगा, और क्या? यहाँ तो ओझा भी एक रुपया माँगता है।"

माधव को भय था कि वह कोठरी में गया, तो घीसू आलुओं का बड़ा भाग साफ कर देगा। बोला, "मुझे वहाँ जाते डर लगता है।"

"डर किस बात का है, मैं तो यहाँ हूँ ही!"

"तो तुम्हीं जाकर देखो न?"

"मेरी औरत जब मरी थी तो मैं तीन दिन तक उसके पास से हिला तक नहीं था। और फिर मुझसे लजाएगी कि नहीं? जिसका कभी मुँह नहीं देखा, आज उसका उघड़ा हुआ बदन देखूँ! उसे तन की सुध भी तो न होगी। मुझे देख लेगी तो खुलकर हाथ-पाँव भी न पटक सकेगी।"

"मैं सोचता हूँ, कोई बाल-बच्चा हो गया तो क्या होगा? सोंठ, गुड़, तेल—कुछ भी तो नहीं घर में!"

"सब कुछ आ जायेगा। भगवान दें तो। जो लोग अभी एक पैसा नहीं दे रहे हैं, वे ही कल बुलाकर देंगे। मेरे नौ लड़के हुए, घर में कभी कुछ न था, मगर भगवान ने किसी तरह बेड़ा पार ही लगाया।"

जिस समाज में रात-दिन मेहनत करने वालों की हालत उनकी हालत से बहुत कुछ अच्छी न थी और किसानों के मुकाबले में वे लोग, जो किसानों की दुर्बलताओं से लाभ उठाना जानते थे, कहीं ज्यादा सम्पन्न थे वहाँ इस तरह की मनोवृत्ति का पैदा हो जाना कोई अचरज की बात न थी। हम तो कहेंगे कि घीसू किसानों से कहीं ज्यादा विचारवान था, जो किसानों के विचार-शून्य-समूह में शामिल होने के बदले

बैठकबाजों की कुत्सित मण्डली में जा मिला था। हाँ, उसमें यह शक्ति न थी कि बैठकबाजों के नियम और नीति का पालन करता। इसलिए जहाँ उसकी मण्डली के और लोग गाँव के सरगना और मुखिया बने हुए थे, उस पर सारा गाँव अँगुली उठाता था। फिर भी उसे यह तसकीन तो थी कि अगर वह फटेहाल है तो कम-से-कम उसे किसानों की-सी जी-तोड़ मेहनत तो नहीं करनी पड़ती। उसकी सरलता और निरीहता से दूसरे लोग बेजा फायदा तो नहीं उठाते।

दोनों आलू निकाल-निकालकर जलते-जलते खाने लगे। कल से कुछ नहीं खाया। इतना सब्र न था कि उन्हें ठण्डा हो जाने दें। कई बार दोनों की जबानें जल गयीं। छिल जाने पर आलू का बाहरी हिस्सा तो बहुत ज्यादा गरम न मालूम होता, लेकिन दाँतों के तले पड़ते ही अन्दर का हिस्सा जबान, हलक और तालू को जला देता था और उस अंगारे को मुँह में रखने से ज्यादा खैरियत इसी में थी कि वह अन्दर पहुँच जाए। वहाँ उसे ठण्डा करने के लिए काफी सामान थे। इसलिये दोनों जल्द-जल्द निगल जाते। हालाँकि इस कोशिश में उनकी आँखों से आँसू निकल आते।

घीसू को उस वक्त ठाकुर की बारात याद आयी जिसमें बीस साल पहले वह गया था। उस दावत में उसे जो तृप्ति मिली थी, वह उसके जीवन में एक याद रखने लायक बात थी और आज भी उसकी याद ताजा थी। बोला, "वह भोज नहीं भूलता। तब से फिर उस तरह का खाना और भरपेट नहीं मिला। लड़की वालों ने सबको भरपेट पूरियाँ खिलायीं थीं, सबको! छोटे-बड़े सबने पूरियाँ खायीं और असली घी की। चटनी, रायता, तीन तरह के सूखे साग, एक रसदार तरकारी, दही, मिठाई। अब क्या बताऊँ कि उस भोज में क्या स्वाद मिला! कोई रोक-टोक नहीं थी। जो चीज माँगो और जितना चाहो खाओ। लोगें ने ऐसा खाया, किसी से पानी न पिया गया। मगर परोसने वाले हैं कि पत्तल में गरम-गरम, गोल-गोल सुवासित कचौरियाँ डाल देते हैं। मना करते हैं कि नहीं चाहिए, पत्तल पर हाथ से रोके हुए हैं, मगर वे हैं कि दिये जाते हैं और जब मुँह धो लिया, तो पान-इलायची भी मिली, मगर मुझे पान लेने की कहाँ सुध थी! खड़ा न हुआ जाता था। चटपट जाकर अपने कम्बल पर लेट गया। ऐसा दिल-दरियाव था वह ठाकुर!"

माधव ने इन पदार्थों का मन-ही-मन मजा लेते हुए कहा—"अब हमें कोई भोज नहीं खिलाता।"

"अब कोई क्या खिलायेगा? वह जमाना दूसरा था। अब तो सबको किफायत सूझती है। शादी-ब्याह में मत खर्च करो, क्रिया-कर्म में मत खर्च करो! पूछो, गरीबों का माल बटोर-बटोर कर कहाँ रखोगे? बटोरने में कमी नहीं है। हाँ, खर्च में किफायत सूझती है।"

"तुमने बीस-एक पूरियाँ खाई होंगी?"

"बीस से ज्यादा खाई थीं।"

"मैं पचास खा जाता।"

"पचास से कम मैंने भी न खाई होंगी। अच्छा पट्ठा था। तू तो मेरा आधा भी नहीं है।"

आलू खाकर दोनों ने पानी पिया और वहीं अलाव के सामने अपनी धोतियाँ ओढ़कर, पाँव पेट में डाले सो रहे। जैसे दो बड़े-बड़े अजगर, गेंडुलियाँ मारे पड़े हों।

और बुधिया अभी तक कराह रही थी।

: 2 :

सवेरे माधव ने कोठरी में जाकर देखा तो उसकी स्त्री ठण्डी हो गयी थी। उसके मुँह पर मक्खियाँ भिनक रही थीं। पथराई हुई आँखें ऊपर टँगी हुई थीं। सारी देह धूल से लथपथ हो रही थी। उसके पेट में बच्चा मर गया था।

माधव भागता हुआ घीसू के पास आया। फिर दोनों जोर-जोर से हाय-हाय करने और छाती पीटने लगे। पड़ोस वालों ने यह रोना-धोना सुना तो दौड़े हुए आये और पुरानी मर्यादा के अनुसार इन अभागों को समझाने लगे।

मगर ज्यादा रोने-पीटने का अवसर न था। कफन और लकड़ी की फिक्र करनी थी। पर घर में तो पैसा इस तरह गायब था, जैसे चील के घोंसले में माँस।

बाप-बेटे रोते हुए गाँव के जमींदार के पास गये। वह इन दोनों की सूरत से नफरत करते थे। कई बार इन्हें अपने हाथों पीट चुके थे चोरी करने के लिये, वादे पर काम पर न आने के लिये। पूछा, "क्या है बे घिसुआ, रोता क्यों है? अब तो तू कहीं दिखाई भी नहीं देता। मालूम होता है, इस गाँव में रहना नहीं चाहता।"

घीसू ने जमीन पर सिर रखकर आँखों में आँसू भरे हुए कहा—"सरकार! बड़ी विपत्ति में हूँ। माधव की घरवाली रात को गुजर गयी। रात-भर तड़पती रही, सरकार! हम दोनों उसके सिरहाने बैठे रहे। दवा-दारू जो कुछ हो सका, सब-कुछ किया, मुदा वह हमें दगा दे गयी। अब कोई एक रोटी देने वाला भी न रहा, मालिक! तबाह हो गये। घर उजड़ गया। आपका गुलाम हूँ। अब आपके सिवा कौन उसकी मिट्टी पार लगायेगा? हमारे हाथ में तो जो कुछ था, वह सब दवा-दारू में उठ गया। सरकार ही की दया होगी तो उसकी मिट्टी उठेगी। आपके सिवा किसके द्वार जाऊँ?"

जमींदार साहब दयालू थे। मगर घीसू पर दया करना काले कम्बल पर रंग चढ़ाना था। जी में तो आया, कह दें चल, दूर हो यहाँ से। यों तो बुलाने से भी नहीं आता, आज जब गरज पड़ी तो आकर खुशामद कर रहा है। हरामखोर कहीं का, बदमाश! लेकिन यह क्रोध या दण्ड का अवसर न था। जी में कुढ़ते हुए दो रुपये निकालकर फेंक दिये। मगर सांत्वना का एक शब्द भी मुँह से न निकला। उसकी तरफ ताका भी नहीं? जैसे सिर का बोझ उतारा हो।

जब जमींदार साहब ने दो रुपये दिये। तो गाँव के बनिये-महाजनों को इन्कार

का साहस कैसे होता? घीसू जमींदार के नाम का ढिंढोरा भी पीटना खूब जानता था। किसी ने दो आने दिये, किसी ने चार आने। एक घण्टे में घीसू के पास पाँच रुपये की अच्छी रकम जमा हो गयी। कहीं से नाज मिल गया, कहीं से लकड़ी और दोपहर को घीसू और माधव बाजार से कफन लाने चले। इधर लोग बाँस काटने लगे।

गाँव की नरम दिल स्त्रियाँ आ-आकर लाश को देखती थीं और उसकी बेकसी पर दो बूँद आँसू गिराकर चली जाती थीं।

: 3 :

बाजार में पहुँचकर घीसू बोला, "लकड़ी तो उसे जलाने-भर को मिल गई है, क्यों माधव।"

माधव बोला, "हाँ, लकड़ी तो बहुत हैं, अब कफन चाहिये।"

"तो चलो, कोई हल्का-सा कफन ले लो।"

"हाँ और क्या? लाश उठते-उठते रात हो जायेगी। रात को कफन कौन देखता है?"

"कैसा रिवाज़ है कि जिसे जीते-जी तन ढाँकने को चीथड़ा न मिले, उसे मरने पर कफन चाहिये।"

"कफन लाश के साथ जल ही तो जाता है।"

"और क्या रखा रहता है? यही पाँच रुपये पहले मिलते तो कुछ दवा-दारू कर लेते।"

दोनों एक-दूसरे के मन की बात ताड़ रहे थे। बाजार में इधर-उधर घूमते रहे। कभी इस बजाज की दुकान पर गये, कभी उसकी दुकान पर। तरह-तरह के कपड़े, रेशमी और सूती देखे, मगर कुछ जँचा नहीं। यहाँ तक कि शाम हो गई। तब दोनों न जाने किस दैवी प्रेरणा से एक मधुशाला के सामने जा पहुँचे और जैसे किसी पूर्व-निश्चित योजना से अन्दर चले गये। वहाँ जरा देर तक दोनों असमंजस में खड़े रहे। फिर घीसू ने गद्दी के सामने जाकर कहा, "साहुजी, एक बोतल हमें भी देना।"

इसके बाद कुछ चिखौना आया, तली हुई मछलियाँ आयीं और दोनों बरामदे में बैठकर शान्तिपूर्वक पीने लगे।

कई कुज्जियाँ ताबड़तोड़ पीने के बाद दोनों सरूर में आ गये।

घीसू बोला, "कफन लगाने से क्या मिलता है? आखिर जल ही तो जाता, कुछ बहू के साथ तो न जाता।"

माधव आसमान की तरफ देखकर बोला, मानो देवताओं को अपनी निष्पापता का साक्षी बना रहा हो, "दुनिया का दस्तूर है नहीं तो लोग बामनों को हजारों रुपये क्यों दे देते हैं? कौन देखता है परलोक में मिलता है या नहीं?'

"बड़े आदमियों के पास धन है, चाहें फूँकें। हमारे पास फूँकने को क्या है?"

"लेकिन लोगों को जवाब क्या दोगे? लोग पूछेंगे नहीं, कफन कहाँ है?"

घीसू हँसा, "अबे, कह देंगे कि रुपये कमर से खिसक गये। बहुत ढूँढा मिले नहीं। लोगों को विश्वास तो न आयेगा लेकिन फिर वह रुपये देंगे।"

माधव भी हँसा इस अनपेक्षित सौभाग्य पर, बोला, "बड़ी अच्छी थी बेचारी। मरी तो खूब खिला-पिलाकर।"

आधी बोतल से ज्यादा उड़ गई। घीसू ने दो सेर पूरियाँ मँगाई। चटनी, अचार, कलेजियाँ। शराबखाने के सामने ही दुकान थी। माधव लपककर दो पत्तलों में सारा सामान ले आया। पूरा डेढ़ रुपया और खर्च हो गया। सिर्फ थोड़े-से पैसे बच रहे।

दोनों इस शान से बैठे हुए पूरियाँ खा रहे थे, जैसे जंगल में कोई शेर अपना शिकार उड़ा रहा हो। न जवाबदेही का खौफ था, न बदनामी की फिक्र। इन भावनाओं को उन्होंने बहुत पहले ही जीत लिया था।

घीसू दार्शनिक भाव से बोला, "हमारी आत्मा प्रसन्न हो रही है तो क्या उसे स्वर्ग न होगा?"

माधव ने श्रद्धा से सिर झुकाकर तसदीक की, "जरूर से जरूर होगा। भगवान्, तुम अन्तर्यामी हो। उसे बैकुण्ठ ले जाना। हम दोनों हृदय से आशीर्वाद दे रहे हैं। आज जो भोजन मिला, वह कभी उम्र भर न मिला था।"

एक क्षण के बाद माधव के मन में एक शंका जागी। बोला–'क्यों दादा, हम लोग भी तो एक न एक दिन वहाँ जायेंगे ही?"

घीसू ने इस भोले-भाले सवाल का कुछ उत्तर न दिया। वह परलोक की बातें सोचकर इस आनन्द में बाधा न डालना चाहता था।

"जो वहाँ हम लोगों से पूछे कि तुमने हमें कफन क्यों नहीं दिया तो क्या कहोगे?"

"कहेंगे तुम्हारा सिर।"

"पूछेगी तो जरूर।"

"तू जानता है कि उसे कफन न मिलेगा? तू मुझे गधा समझता है? साठ साल क्या दुनिया में घास खोदता रहा हूँ? उसको कफन मिलेगा और इससे बहुत अच्छा मिलेगा।"

माधव को विश्वास न आया। बोला, "कौन देगा? रुपये तो तुमने चटकर दिए। वह तो मुझसे पूछेगी। उसकी माँग में सिन्दूर तो मैंने डाला था।"

घीसू गरम होकर बोला, "मैं कहता हूँ, उसे कफन मिलेगा। तू मानता क्यों नहीं?"

"कौन देगा, बताते क्यों नहीं?"

"वही लोग देंगे जिन्होंने इस बार दिया। हाँ, अबकी रुपये हमारे हाथ न आयेंगे।"

ज्यों-ज्यों अँधेरा बढ़ता था और सितारों की चमक तेज होती थी, मधुशाला की रौनक भी बढ़ती जाती थी। कोई गाता था, कोई डींग मारता था, कोई अपने संगी

के गले लिपटा जाता था। कोई अपने दोस्त के मुँह से कुल्हड़ लगाए देता था।"

वहाँ के वातावरण में सरूर था, हवा में नशा। कितने तो यहाँ आकर एक चुल्लू में मस्त हो जाते। शराब से ज्यादा वहाँ की हवा उन पर नशा करती थी। जीवन की बाधाएँ खींच लाती थीं और कुछ देर के लिये वे भूल जाते थे कि वे जीते हैं या मरते हैं। या, न जीते हैं न मरते हैं।

और ये दोनों बाप-बेटा अब भी मजे ले-लेकर चुस्कियाँ ले रहे थे। सबकी निगाहें इनकी ओर जमी हुई थीं। दोनों कितने भाग्य के बली हैं। पूरी बोतल बीच में है।

भरपेट खाकर माधव ने बची हुई पूरियों का पत्तल उठाकर एक भिखारी को दे दिया, जो खड़ा इनकी ओर भूखी आँखों से देख रहा था। और 'देने' के गौरव, आनन्द और उल्लास का उसने अपने जीवन में पहली बार अनुभव किया।

घीसू ने कहा, "ले जा, खूब खा और आशीर्वाद दे। जिसकी कमाई है वह तो मर गई पर तेरा आशीर्वाद उसे जरूर पहुँचेगा। रोयें-रोयें से आशीर्वाद दे, बड़ी गाढ़ी कमाई के पैसे हैं।"

माधव ने फिर आसमान की तरफ देखकर कहा—"वह बैकुण्ठ में जायेगी दादा, वह बैकुण्ठ की रानी बनेगी।"

घीसू खड़ा हो गया और जैसे उल्लास की लहरों में तैरता हुआ बोला, "हाँ, बेटा, बैकुण्ठ में जायेगी। किसी को सताया नहीं, किसी को दबाया नहीं। मरते-मरते हमारी जिन्दगी की सबसे बड़ी लालसा पूरी कर गई। वह न बैकुण्ठ में जायेगी तो क्या ये मोटे-मोटे लोग जायेंगे, जो गरीबों को दोनों हाथों से लूटते हैं और अपने पाप को धोने के लिए गंगा में नहाते हैं और मन्दिरों में जल चढ़ाते हैं।"

श्रद्धालुओं का यह रंग तुरन्त ही बदल गया। अस्थिरता नशे की खासियत है। दुःख और निराशा का दौरा हुआ।

माधव बोला, "मगर दादा, बेचारी ने जिन्दगी में बड़ा दुख भोगा। कितना दुख झेलकर मरी।"

वह आँखों पर हाथ रखकर रोने लगा, चीखें मार-मारकर।

घीसू ने समझाया—"क्यों रोता है? बेटा खुश हो कि वह माया-जाल से मुक्त हो गई। जंजाल से छूट गयी। बड़ी भाग्यवान थी जो इतनी जल्द माया-मोह के बन्धन तोड़ दिये।"

और दोनों खड़े होकर गाने लगे—

"ठगिनी क्यों नैना झमकावै? ठगिनी!"

पियक्कड़ों की आँखें इनकी ओर लगी हुई थीं और ये दोनों अपने दिल में मस्त गाते जाते थे। फिर ये दोनों नाचने लगे। उछले भी, कूदे भी। मटके भी, भाव भी बनाये, अभिनय भी किये और आखिर नशे से बदमस्त होकर वहीं गिर पड़े।

सवा सेर गेहूँ

किसी गाँव में शंकर नाम का एक कुरमी किसान रहता था। सीधा-सादा गरीब आदमी था, अपने काम-से-काम, न किसी के लेने में, न किसी के देने में। छक्का-पंजा न जानता था, छल-प्रपंच की उसे छूत भी न लगी थी, ठगे जाने की चिन्ता न थी, ठगविद्या न जानता था, भोजन मिला, खा लिया, न मिला, चबेने पर काट दी, चबैना भी न मिला, तो पानी पी लिया और राम का नाम लेकर सो रहा। किन्तु जब कोई अतिथि द्वार पर आ जाता था तो उसे इस निवृत्तिमार्ग का त्याग करना पड़ता था। विशेषकर जब साधु-महात्मा पदार्पण करते थे, तो उसे अनिवार्यतः सांसारिकता की शरण लेनी पड़ती थी। खुद भूखा सो सकता था, पर साधु को कैसे भूखा सुलाता, भगवान् के भक्त जो ठहरे।

एक दिन संध्या समय एक महात्मा ने आकर उसके द्वार पर डेरा जमाया। तेजस्वी मूर्ति थी, पीताम्बर गले में, जटा सिर पर, पीतल का कमंडल हाथ में, खड़ाऊँ पैर में, ऐनक आँखों पर, सम्पूर्ण वेष उन महात्माओं का-सा था जो रईसों के प्रासादों में तपस्या, हवागाड़ियों पर देवस्थानों की परिक्रमा और योग-सिद्धि प्राप्त करने के लिए रुचिकर भोजन करते हैं। घर में जौ का आटा था, वह उन्हें कैसे खिलाता। प्राचीनकाल में जौ का चाहे जो कुछ महत्त्व रहा हो, पर वर्तमान युग में जौ का भोजन सिद्ध पुरुषों के लिए दुष्पाच्य होता है। बड़ी चिन्ता हुई, महात्माजी को क्या खिलाऊँ। आखिर निश्चय किया कि कहीं से गेहूँ का आटा उधार लाऊँ, पर गाँव-भर में गेहूँ का आटा न मिला। गाँव में सब मनुष्य-ही-मनुष्य थे, देवता एक भी न था, अतएव देवताओं का खाद्य पदार्थ कैसे मिलता। सौभाग्य सें गाँव के विप्र महाराज के यहाँ से थोड़ा-सा मिल गए। उनसे सवा सेर गेहूँ उधार लिया और स्त्री से कहा कि पीस दे। महात्मा ने भोजन किया, लम्बी तानकर सोये। प्रातःकाल आशीर्वाद देकर अपनी राह ली।

विप्र महाराज साल में दो बार खलिहानी लिया करते थे। शंकर ने दिल में कहा, सवा सेर गेहूँ इन्हें क्या लौटाऊँ, पंसेरी बदले कुछ ज्यादा खलिहानी दे दूँगा, यह भी समझ जायेंगे, मैं भी समझ जाऊँगा। चैत में जब विप्रजी पहुँचे तो उन्हें डेढ़ पंसेरी के लगभग गेहूँ दे दिया और अपने को उऋण समझकर उसकी कोई

चरचा न की। विप्रजी ने फिर कभी न माँगा। सरल शंकर को क्या मालूम था कि यह सवा सेर गेहूँ चुकाने के लिए मुझे दूसरा जन्म लेना पड़ेगा।

: 2 :

सात साल गुजर गये। विप्रजी विप्र से महाजन हुए, शंकर किसान से मजूर हो गया। उसका छोटा भाई मंगल उससे अलग हो गया था। एक साथ रहकर दोनों किसान थे, अलग होकर मजूर हो गये थे। शंकर ने चाहा कि द्वेष की आग भड़कने न पाये, किन्तु परिस्थिति ने उसे विवश कर दिया। जिस दिन अलग-अलग चूल्हे जले, वह फूट-फूटकर रोया। आज से भाई-भाई शत्रु हो जायेंगे, एक रायेगा, दूसरा हँसेगा, एक के घर मातम होगा तो दूसरे के घर गुलगुले पकेंगे, प्रेम का बंधन, खून का बंधन, दूध का बंधन आज टूटा जाता है। उसने भगीरथ परिश्रम से कुल-मर्यादा का वृक्ष लगाया था, उसे अपने रक्त से सींचा था, उसको जड़ से उखड़ता देख उसके हृदय के टुकड़े हुए जाते थे। सात दिनों तक उसने दाने की सूरत तक न देखी। दिन-भर जेठ की धूप में काम करता और रात को मुँह लपेटकर सो रहता। इस भीषण वेदना और दुस्सह कष्ट ने रक्त को जला दिया, मांस और मज्जा को घुला दिया। बीमार पड़ा तो महीनों खाट से न उठा। अब गुजर-बसर कैसे हो? पाँच बीघे के आधे रह गये, एक बैल रह गया, खेती क्या खाक होती! अन्त को यहाँ तक नौबत पहुँची कि खेती केवल मर्यादा-रक्षा का साधन-मात्र रह गयी, जीविका का भार मजूरी पर आ पड़ा।

सात वर्ष बीत गये, एक दिन शंकर मजूरी करके लौटा, तो राह में विप्रजी ने टोककर कहा—शंकर, कल आकर के अपने बीज-बेंग का हिसाब कर ले। तेरे यहाँ साढ़े पाँच मन गेहूँ कबके बाकी पड़े हुए हैं और तू देने का नाम नहीं लेता, हजम करने का मन है क्या?

शंकर ने चकित होकर कहा—मैंने तुमसे कब गेहूँ लिए थे जो साढ़े पाँच मन हो गये? तुम भूलते हो, मेरे यहाँ किसी का छटाँक-भर न अनाज है, न एक पैसा उधार।

विप्र—इसी नीयत का तो यह फल भोग रहे हो कि खाने को नहीं जुड़ता।

यह कहकर विप्रजी ने उस सवा सेर गेहूँ का जिक्र किया, जो आज के सात वर्ष पहले शंकर को दिये थे। शंकर सुनकर अवाक् रह गया। ईश्वर मैंने इन्हें कितनी बार खलिहानी दी, इन्होंने मेरा कौन-सा काम किया? जब पोथी-पत्रा देखने, साइत-सगुन विचारने द्वार पर आते थे, कुछ-न-कुछ 'दक्षिणा' ले ही जाते थे। इतना स्वार्थ! सवा सेर अनाज को अंडे की भाँति सेकर आज यह पिशाच खड़ा कर दिया, जो मुझे निगल जायेगा। इतने दिनों में एक बार भी कह देते तो मैं गेहूँ तौलकर दे देता, क्या इसी नीयत से चुप साधे बैठे रहे? बोला—महाराज, नाम लेकर तो

मैंने उतना अनाज दिया दिया, पर कई बार खलिहानों में सेर-सेर, दो-दो सेर दिया है। अब आप आज साढ़े पाँच मन माँगते हैं, मैं कहाँ से दूँगा?

विप्र—लेखा जौ-जौ, बखसीस सौ-सौ, तुमने जो कुछ दिया होगा, उसका कोई हिसाब नहीं, चाहे एक की जगह चार पसेरी दे दो। तुम्हारे नाम बही में साढ़े पाँच मन लिखा हुआ है; जिससे चाहे हिसाब लगवा लो। दे दो तो तुम्हारा नाम छेक दूँ, नहीं तो और भी बढ़ता रहेगा।

शंकर—पाँडे, क्यों एक गरीब को सताते हो, मेरे खाने का ठिकाना नहीं, इतना गेहूँ किसके घर से लाऊँगा?

विप्र—जिसके घर से चाहे लाओ, मैं छटाँक-भर भी न छोड़ूँगा, यहाँ न दोगे, भगवान् के घर तो दोगे।

शंकर काँप उठा। हम पढ़े-लिखे आदमी होते तो कह देते, अच्छी बात है, ईश्वर के घर ही देंगे; वहाँ की तौल यहाँ से कुछ बड़ी तो न होगी। कम-से-कम इसका कोई प्रमाण हमारे पास नहीं, फिर उसकी क्या चिन्ता। किन्तु शंकर इतना तार्किक, इतना व्यवहार-चतुर न था। एक तो ऋण—वह भी ब्राह्मण का—बही में नाम रह गया तो सीधे नरक में जाऊँगा, इस खयाल ही से उसे रोमांच हो गया। बोला—महाराज, तुम्हारा जितना होगा यही दूँगा, ईश्वर के यहाँ क्यों दूँ, इस जनम में तो ठोकर खा ही रहा हूँ, उस जनम के लिए क्यों काँटे बोऊँ? मगर यह कोई नियाव नहीं है। तुमने राई का पर्वत बना दिया, ब्राह्मण हो के तुम्हें ऐसा नहीं करना चाहिए था। उसी घड़ी तगादा करके ले लिया होता, तो आज मेरे सिर पर इतना बड़ा बोझ क्यों पड़ता। मैं तो दे दूँगा, लेकिन तुम्हें भगवान् के यहाँ जवाब देना पड़ेगा।

विप्र—वहाँ का डर तुम्हें होगा, मुझे क्यों होने लगा। यहाँ तो सब अपने ही भाई-बन्धु हैं। ऋषि-मुनि, सब तो ब्राह्मण ही हैं; देवता ब्राह्मण हैं, जो कुछ बने-बिगड़ेगी, सँभाल लेंगे। तो कब देते हो?

शंकर—मेरे पास रक्खा तो है नहीं, किसी से माँग-जाँचकर लाऊँगा तभी न दूँगा।

विप्र—मैं यह न मानूँगा। साल साल हो गये, अब एक दिन का भी मुलाहिता न करूँगा। गेहूँ नहीं दे सकते, तो दस्तावेज लिख दो।

शंकर—मुझे तो देना है, चाहे गेहूँ लो चाहे दस्तावेज लिखाओ; किस हिसाब से दाम रक्खोगे?

विप्र—बाजार-भाव पाँच सेर का है, तुम्हें सवा पाँच सेर का काट दूँगा।

शंकर—जब दे ही रहा हूँ तो बाजार-भाव काटूँगा, पाव-भर छुड़ाकर क्यों दोषी बनूँ।

हिसाब लगाया तो गेहूँ के दाम 60) हुए। 60) का दस्तावेज लिखा गया, 3) सैकड़े सूद। साल-भर में न देने पर सूद की दर ढाई रुपये) सैकड़े। आठ आने) का स्टाम्प, चार आने) दस्तावेज की तहरीर शंकर को ऊपर से देनी पड़ी।

गाँव भर ने विप्रजी की निन्दा की, लेकिन मुँह पर नहीं। महाजन से सभी का काम पड़ता है, उसके मुँह कौन आये।

: 3 :

शंकर ने साल भर तक कठिन तपस्या की। मीयाद के पहले रुपये अदा करने का उसने व्रत-सा कर लिया। दोपहर को पहले भी चूल्हा न जलता था, चबैने पर बसर होती थी, अब वह भी बंद हुआ। केवल लड़के के लिए रात की रोटियाँ रख दी जातीं! पैसे रोज का तम्बाकू पी जाता था, यही एक व्यसन था जिसका वह कभी न त्याग कर सका था। अब वह व्यसन भी इस कठिन व्रत की भेंट हो गया। उसने चिलम पटक दी, हुक्का तोड़ दिया और तमाखू की हाँड़ी चूर-चूर कर डाली। कपड़े पहले भी त्याग की चरम सीमा तक पहुँच चुके थे, अब वह प्रकृति की न्यूनतम रेखाओं में आबद्ध हो गये। शिशिर की अस्थिबेधक शीत को उसने आग तापकर काट दिया। इस ध्रुव-संकल्प का फल आशा से बढ़कर निकला। साल के अन्त में उसके पास 60) रु. जमा हो गये। उसने समझा पंडितजी को इतने रुपये दे दूँगा और कहूँगा महाराज, बाकी रुपये भी जल्द ही आपके सामने हाजिर करूँगा। 15) रु. की तो और बात है, क्या पंडितजी इतना भी न मानेंगे! उसने रुपये लिये और ले जाकर पंडितजी के चरण-कमलों पर अर्पण कर दिये। पंडितजी ने विस्मित होकर पूछा—किसी से उधार लिये क्या?

शंकर—नहीं महाराज, आपके असीस से अबकी मजूरी अच्छी मिली।

विप्र—लेकिन यह तो 60) रु. ही हैं!

शंकर—हाँ महाराज, इतने अभी ले लीजिए, बाकी मैं दो-तीन महीने में दे दूँगा, मुझे उरिन कर दीजिए।

विप्र—उरिन तो जभी होंगे जबकि मेरी कौड़ी-कौड़ी चुका दोगे। जाकर मेरे 15) रु. और लाओ।

शंकर—महाराज, इतनी दया करो; अब साँझ की रोटियों का भी ठिकाना नहीं है, गाँव में हूँ तो कभी-न-कभी दे ही दूँगा।

विप्र—मैं यह रोग नहीं पालता, न बहुत बातें करना जानता हूँ। अगर मेरे पूरे रुपये न मिलेंगे तो आज से 3) रु. सैकड़े का ब्याज लगेगा। अपने रुपये चाहे घर में रक्खो, चाहे मेरे यहाँ छोड़ जाओ।

शंकर—अच्छा जितना लाया हूँ उतना रख लीजिए। मैं जाता हूँ, कहीं से 15) रु. और लाने की फिक्र करता हूँ।

शंकर ने सारा गाँव छान मारा, मगर किसी ने रुपये न दिये, इसलिए नहीं कि उसका विश्वास न था, या किसी के पास रुपये न थे, बल्कि इसलिए कि पंडितजी

के शिकार को छेड़ने की किसी की हिम्मत न थी।

: 4 :

क्रिया के पश्चात प्रतिक्रिया नैसर्गिक नियम है। शंकर साल-भर तक तपस्या करने पर भी जब ऋण से मुक्त होने में सफल न हो सका तो उसका संयम निराशा के रूप में परिणत हो गया। उसने समझ लिया कि जब इतना कष्ट सहने पर भी साल-भर में 60) रु. से अधिक न जमा कर सका, तो अब और कौन सा उपाय है जिसके द्वारा इसके दूने रुपये जमा हों। जब सिर पर ऋण का बोझ ही लादना है तो क्या मन-भर का और क्या सवा मन का। उसका उत्साह क्षीण हो गया, मिहनत से घृणा हो गयी। आशा उत्साह की जननी है, आशा में तेज है, बल है, जीवन है। आशा ही संसार की संचालक शक्ति है। शंकर आशाहीन होकर उदासीन हो गया। वह जरूरतें जिनको उसने साल-भर तक टाल रखा था, अब द्वार पर खड़ी होनेवाली भिखारिणी न थीं, बल्कि छाती पर सवार होनेवाली पिशाचनियाँ थीं, जो अपनी भेंट लिये बिना जान नहीं छोड़तीं। कपड़ों में चकत्तियों के लगने की भी एक सीमा होती है। अब शंकर को चिट्ठा मिलता तो वह रुपये जमा न करता, कभी कपड़े लाता, कभी खाने की कोई वस्तु। जहाँ पहले तमाखू ही पिया करता था, वहाँ अब गाँजे और चरस का चस्का भी लगा। उसे अब रुपये अदा करने की कोई चिन्ता न थी मानो उसके ऊपर किसी का एक पैसा भी नहीं आता। पहले जूड़ी चढ़ी होती थी, पर वह काम करने अवश्य जाता था, अब काम पर न जाने के लिए बहाना खोजा करता।

इस भाँति तीन वर्ष निकल गये। विप्रजी महाराज ने एक बार भी तकाजा न किया। वह चतुर शिकारी की भाँति अचूक निशाना लगाना चाहते थे। पहले से शिकार को चौंकाना उनकी नीति के विरुद्ध था।

एक दिन पंडितजी ने शंकर को बुलाकर हिसाब दिखाया। 60) रु. जो जमा थे वह मिनहा करने पर अब भी शंकर के जिम्मे 120) रु. निकले।

शंकर—इतने रुपये तो उसी जन्म में दूँगा, इस जन्म में नहीं हो सकते।

विप्र—मैं इसी जन्म में लूँगा। मूल न सही, सूद तो देना ही पड़ेगा।

शंकर—एक बैल है, वह ले लीजिए और मेरे पास रक्खा क्या है।

विप्र—मुझे बैल-बधिया लेकर क्या करना है। मुझे देने को तुम्हारे पास बहुत कुछ है।

शंकर—और क्या है महाराज?

विप्र—कुछ है, तुम तो हो। आखिर तुम भी कहीं मजूरी करने जाते ही हो, मुझे भी खेती के लिए मजूर रखना ही पड़ता है। सूद में तुम हमारे यहाँ काम किया

करो, जब सुभीता हो मूल को दे देना। सच तो यों है कि अब तुम किसी दूसरी जगह काम करने नहीं जा सकते जब तक मेरे रुपये नहीं चुका दो। तुम्हारे पास कोई जायदाद नहीं है, इतनी बड़ी गठनी मैं किस एतबार पर छोड़ दूँ। कौन इसका जिम्मा लेगा कि तुम मुझे महीने-महीने सूद देते जाओगे। और कहीं कमाकर जब तुम मुझे सूद भी नहीं दे सकते, तो मूल की कौन कहे?

शंकर—महाराज, सूद में तो काम करूँगा और खाऊँगा क्या?

विप्र—तुम्हारी घरवाली है, लड़के हैं, क्या वे हाथ-पाँव कटाके बैठेंगे। रहा मैं, तुम्हें आध सेर जौ रोज कलेवा के लिए दे दिया करूँगा। ओढ़ने को साल में एक कम्बल पा जाओगे, एक मिरजई भी बनवा दिया करूँगा, और क्या चाहिए। यह सच है कि और लोग तुम्हें छः आने देते हैं लेकिन मुझे ऐसी गरज नहीं है, मैं तो तुम्हें रुपये भरने के लिए रखता हूँ।

शंकर ने कुछ देर तक गहरी चिन्ता में पड़े रहने के बाद कहा—महाराज यह तो जन्म-भर की गुलामी हुई।

विप्र—गुलामी समझो, चाहे मजूरी समझो। मैं अपने रुपये भराये बिना तुमको कभी न छोड़ूँगा। तुम भागोगे तो तुम्हारा लड़का भरेगा। हाँ, जब कोई न रहेगा तब की बात दूसरी है।

इस निर्णय की कहीं अपील न थी। मजूर की जमानत कौन करता, कहीं शरण न थी, भागकर कहाँ जाता, दूसरे दिन से उसने विप्रजी के यहाँ काम करना शुरू कर दिया। सवा सेर गेहूँ की बदौलत उम्र-भर के लिए गुलामी की बेड़ी पैरों में डालनी पड़ी। उस अभागे को अब अगर किसी विचार से संतोष होता था तो यह था कि वह मेरे पूर्व-जन्म का संस्कार है। स्त्री को वे काम करने पड़ते थे, जो उसने कभी न किये थे, बच्चे दानों को तरसते थे, लेकिन शंकर चुपचाप देखने के सिवा और कुछ न कर सकता था। वह गेहूँ के दाने किसी देवता के शाप की भाँति यावज्जीवन उसके सिर से न उतरे।

: 5 :

शंकर ने विप्रजी के यहाँ 20 वर्ष तक गुलामी करने के बाद इस दुस्सार संसार से प्रस्थान किया। 120) अभी तक उसके सिर पर सवार थे। पंडितजी ने उस गरीब को ईश्वर के दरबार में कष्ट देना उचित न समझा, इतने अन्यायी, इतने निर्दयी न थे। उसके जवान बेटे की गरदन पकड़ी। आज तक वह विप्रजी के यहाँ काम करता है। उसका उद्धार कब होगा; होगा भी या नहीं, ईश्वर ही जाने।

पाठक! इस वृत्तांत को कपोल-कल्पित न समझिए। यह सत्य घटना है। ऐसे शंकरों और ऐसे विप्रों से दुनिया खाली नहीं है।

जयशंकर प्रसाद

(1889-1937)

श्री जयशंकर प्रसाद का जन्म सन् 1889 ई. में वाराणसी में हुआ। इनके पूर्वज सुंघनी-सुरती (तंबाकू) का व्यापार करते थे तथा सुंघनी साहू नाम से विख्यात थे। परिस्थितिवश प्रसाद जी को भी जीवन-यापन के लिए इसी व्यवसाय का आश्रय लेना पड़ा। इनकी किशोर अवस्था में ही माता-पिता का देहावसान हो जाने के कारण पंद्रह वर्ष की आयु में ही स्कूल की पढ़ाई छूट गयी। घर-गृहस्थी का बोझ इनके कंधों पर आ पड़ा। इसके उपरांत घर पर रहकर ही अपना अध्ययन जारी रखा तथा हिंदी, संस्कृत, अंग्रेजी, बंगाली आदि भाषाओं का उच्चकोटि का ज्ञान अर्जित किया। साहित्य, पुरातत्त्व, प्राचीन इतिहास, दर्शन आदि विषयों के ज्ञान को उपलब्ध कर इनका उपयोग अपनी बाद की कृतियों—नाटकों, काव्यों, कहानियों, उपन्यासों में किया।

प्रसाद जी की प्रारंभिक रचनाएँ, खड़ी बोली हिंदी में 'कानन कुसुम' शीर्षक से प्रकाशित हुईं। अपने समय की उच्चस्तरीय पत्रिका 'इंदु' के द्वारा इन्होंने उदीयमान साहित्यकारों को मंच दिया। 'लहर', 'झरना', 'आँसू' उनकी मुक्तक काव्य रचनाओं के संग्रह हैं। 'कामायनी' महाकाव्य में उनकी प्रतिभा उन्हें विश्व-साहित्य में अग्रणी कवियों की पंक्ति में आसीन करती है। हिंदी में छायावाद के उन्नायकों में वह प्रथम पंक्ति के कवि हैं। काव्य के अतिरिक्त उनकी बहुमुखी प्रतिभा ने नाटक, कहानी, उपन्यास के क्षेत्रों में भी अपनी पताका फहराई। 'स्कंदगुप्त', 'चंद्रगुप्त', 'अजातशत्रु' नाटकों में मौर्यकालीन भारत के राजनीतिक, सामाजिक कीर्तिमानों के ऐतिहासिक, पुरातात्विक आयाम रचे हैं तो 'कंकाल' और 'तितली' उपन्यासों में आधुनिक युगीन सामाजिक परिस्थितियों के मार्मिक पक्ष उठाए हैं। काव्यों में भावपक्ष, प्रकृति-चित्रण, दार्शनिक चिंतन-विचार, तात्विक आधार को लेकर रसोद्रेकी नए आयाम प्रकट किए हैं। 'ग्राम' कहानी के द्वारा हिन्दी कहानी में प्रवेश करने वाले प्रसाद की कहानियाँ प्रेमचंद के समकालीन होने पर भी विषय और शिल्प के स्तर पर प्रेमचंद से एकदम अलग हैं। उनकी कहानियों में संस्कृति, इतिहास और परंपरा

के स्वर प्रबल हैं। ये कहानियाँ अपनी तीव्र भावानुभूति, राष्ट्रीयता, प्रेम, कर्तव्य और त्याग जैसे आदर्श मूल्यों की प्रतिस्थापना के लिए जानी जाती हैं। प्रसाद की कहानियों में पात्रों के भीतर चलते अन्तर्द्वन्द्व का काव्यात्मक चित्रण हुआ है। विषय के अनुरूप उनकी भाषा भी परिष्कृत और संस्कृतनिष्ठ है। 'आकाशदीप', 'ममता', 'गुंडा' आदि उनकी प्रमुख कहानियाँ हैं।

प्रसाद जी का निधन वाराणसी में सन् 1937 ई. में हुआ।

आकाश दीप

: 1 :

"बन्दी!"

"क्या है? सोने दो।"

"मुक्त होना चाहते हो?"

"अभी नहीं, निद्रा खुलने पर, चुप रहो।"

"फिर अवसर न मिलेगा।"

"बड़ी शीत है, कहीं से एक कम्बल डालकर कोई शीत से मुक्त करता।"

"आँधी की सम्भावना है। यही अवसर है। आज मेरे बन्धन शिथिल हैं।"

"तो क्या तुम भी बन्दी हो?"

"हाँ, धीरे बोलो, इस नाव पर केवल दस नाविक और प्रहरी हैं!"

"शस्त्र मिलेगा?"

"मिल जायेगा। पोत से सम्बद्ध रज्जु काट सकोगे?"

"हाँ।"

समुद्र में हिलोरें उठने लगीं। दोनों बन्दी आपस में टकराने लगे। पहले बन्दी ने अपने को स्वतन्त्र कर लिया। दूसरे को बन्धन खोलने का प्रयत्न करने लगा। लहरों के धक्के एक-दूसरे को स्पर्श से पुलकित कर रहे थे। मुक्ति की आशा स्नेह का असम्भावित आलिंगन। दोनों ही अन्धकार में मुक्त हो गये। दूसरे बन्दी ने हर्षातिरेक से उनको गले से लगा लिया। सहसा उस बन्दी ने कहा—"यह क्या? तुम स्त्री हो?"

"क्या स्त्री होना कोई पाप है?" अपने को अलग करते हुए स्त्री ने कहा।

"शस्त्र कहाँ है? तुम्हारा नाम?"

"चम्पा।"

तारक-खचित नील अम्बर और नील समुद्र के अवकाश में पवन ऊधम मचा रहा था। वह दुष्ट हो रहा था। समुद्र में आन्दोलन था। नौका लहरों में विकल थी। स्त्री सतर्कता से लुढ़कने लगी। एक मतवाले नाविक के शरीर से टकराती हुई

सावधानी से उसका कृपाण निकालकर, फिर लुढ़कते हुए, बन्दी के समीप पहुँच गई। सहसा पोत से पथ प्रदर्शक ने चिल्लाकर कहा—"आँधी!"

आपत्तिसूचक तूर्य बजने लगा। सब सावधान होने लगे। बन्दी युवक उसी तरह पड़ा रहा। किसी ने रस्सी पकड़ी, कोई पाल खोल रहा था। पर युवक बन्दी लुढ़ककर उस रज्जू के पास पहुँचा जो पोत से संलग्न थी। तारे ढक गए। तरंगें उद्वेलित हुईं, समुद्र गरजने लगा। भीषण आँधी पिशाचनी के समान नाव को अपने हाथों में लेकर कन्दुक-क्रीड़ा और अट्टहास लगने लगी।

एक झटके के साथ ही नाव स्वतन्त्र थी। उस सकंट में भी दोनों बन्दी खिलखिलाकर हँस पड़े। आँधी के हाहाकार में उसे कोई न सुन सका।

: 2 :

अनन्त जलनिधि में उषा का मधुर आलोक फूट उठा। सुनहली किरणों और लहरों की कोमल सृष्टि मुस्कराने लगी। सागर शान्त था। नाविकों ने देखा, पोत का पता नहीं। बन्दी मुक्त हैं।

नायक ने कहा—"बुद्धगुप्त! तुमको किसने मुक्त किया?"

कृपाण दिखाकर बुद्धगुप्त ने कहा—"इसने।"

नायक ने कहा—"तो तुम्हें फिर बन्दी बनाऊँगा।"

"किसके लिये? पोताध्यक्ष मणिभद्र अतल जल में होगा—नायक! अब इस नौका का स्वामी मैं हूँ।"

"तुम? जलदस्यु बुद्धगुप्त? कदापि नहीं।"—चौंककर नायक ने कहा और अपना कृपाण टटोलने लगा। चम्पा ने इसके पहले उस पर अधिकार कर लिया था। वह क्रोध से उछल पड़ा।

"तो तुम द्वन्द्वयुद्ध के लिये प्रस्तुत हो जाओ जो विजयी होगा, वही स्वामी होगा।" इतना कह बुद्धगुप्त ने कृपाण नायक के हाथ में दे दिया।

भीषण घात-प्रतिघात आरम्भ हुआ। दोनों कुशल, दोनों त्वरित गति वाले थे। बुद्धगुप्त ने अपना कृपाण दाँतों से पकड़कर अपने दोनों हाथ स्वतन्त्र कर लिये। चम्पा भय और विस्मय से देखने लगी। नाविक प्रसन्न हो गये। परन्तु बुद्धगुप्त ने लाघव से नायक का कृपाण वाला हाथ पकड़ लिया और विकट हुंकार से दूसरा हाथ कटि में डाल, उसे गिरा दिया। दूसरे ही क्षण प्रभात की किरणों में बुद्धगुप्त का विजयी कृपाण उसके हाथों में चमक उठा। नायक की कायर आँखें प्राणभिक्षा माँगने लगीं।

बुद्धगुप्त ने कहा—"बोलो अब स्वीकार है कि नहीं?"

"मैं अनुचर हूँ, वरुणदेव की शपथ। मैं विश्वासघात न करूँगा।"

बुद्धगुप्त ने उसे छोड़ दिया।

चम्पा ने युवक जलदस्यु के समीप आकर उसके क्षतों को अपनी स्निग्ध दृष्टि

से, कोमल करों से वेदना-विहीन कर दिया। बुद्धगुप्त के सुगठित शरीर पर रक्त-बिन्दु विजय-तिलक कर रहे थे।

विश्राम लेकर बुद्धगुप्त से पूछा—"हम लोग कहाँ होंगे?"

"बाली द्वीप से बहुत दूर सम्भवतः एक नवीन द्वीप के पास, जिसमें अभी हम लोगों का बहुत कम आना-जाना होता है। सिंहल के वणिकों का वहाँ प्राधान्य है।"

"कितने दिनों में हम लोग पहुँचेंगे?"

"अनुकूल पवन मिलने पर दो दिन में। तब तक के लिये खाद्य का अभाव न होगा।"

सहसा नायक ने नाविकों को डाँट लगाने की आज्ञा दी और स्वयं पतवार पकड़कर बैठ गया। बुद्धगुप्त के पूछने पर उसने कहा—"यहाँ एक जलमग्न शैलखण्ड है। सावधान न रहने से नाव के टकराने का भय है।"

: 3 :

"तुम्हें इन लोगों ने बन्दी क्यों बनाया?"

"वणिक मणिभद्र की पाप-वासना ने।"

"तुम्हारा घर कहाँ हैं?"

"जाहन्वी के तट पर। चम्पा नगरी की एक क्षत्रिय बालिका हूँ। पिता इसी मणिभद्र के यहाँ प्रहरी का काम करते थे। माता का देहावसान हो जाने पर मैं भी पिता के साथ नाव पर ही रहने लगी। आठ बरस से समुद्र ही मेरा घर है। तुम्हारे आक्रमण के समय मेरे पिता ने ही सात दस्युओं को मारकर जल-समाधि ली। एक मास हुआ, मैं इस नील नभ के नीचे, नील जलनिधि के ऊपर, एक भयानक अनन्तता में निस्सहाय हूँ—अनाथ हूँ। मणिभद्र ने मुझसे एक दिन घृणित प्रस्ताव किया। मैने उसे गालियाँ सुनाईं। उसी दिन से बन्दी बना दी गयी।"— चम्पा रोष से जल रही थी।

"मैं भी ताम्रलिप्त का एक क्षत्रिय हूँ चम्पा! परन्तु दुर्भाग्य से जलदस्यु बनकर जीवन बिताता हूँ। अब तुम क्या करोगी?"

"मैं अपने अदृष्ट को अनिर्दिष्ट ही रहने दूँगी! वह जहाँ ले जाये।"—चम्पा की आँखें निस्सीम प्रदेश में निरुद्देश्य थीं। किसी आकांक्षा के लाल डोरे न थे। धवल अपांगों में बालक के सदृश विश्वास था। हत्या-व्यवसायी दस्यु भी उसे देखकर काँप गया। उसके मन में एक सम्भ्रमपूर्ण श्रद्धा यौवन की पहली लहरों को जगाने लगी। समुद्र-वक्ष पर विलम्बमयी रागरंजित संध्या थिरकने लगी। चम्पा के असंयत कुन्तल उसकी पीठ पर बिखरे थे। दुर्दान्त दस्यु ने देखा, अपनी महिमा में अलौकिक एक वरुण बालिका! वह विस्मय से अपने हृदय को टटोलने लगा। उसे एक नई वस्तु का पता चला। वह थी—कोमलता।

उसी समय नायक ने कहा—"हम लोग द्वीप के पास पहुँच गये।"

वेला से नाव टकराई। चम्पा निर्भीकता से कूद पड़ी। माँझी उतरे। बुद्धगुप्त ने कहा—"जब इसका कोई नाम नहीं है तो हम लोग इसे चम्पा द्वीप कहेंगे।"

चम्पा हँस पड़ी।

: 4 :

पाँच बरस बाद...

शरद के धवल नक्षत्र नील गगन में झिलमला रहे थे। चन्द्र उज्ज्वल विजय पर अन्तरिक्ष में शरदलक्ष्मी के आशीर्वाद के फूलों और खीलों को बिखेर दिया।

चम्पा के एक उच्चसौध पर बैठी हुई तरुणी चम्पा दीपक जला रही थी। बड़े यत्न से अभ्रक की मंजूषा में द्वीप धरकर उसने अपनी सुकुमार उँगलियों से डोरी खींची। वह दीपधार ऊपर चढ़ने लगा। भोली-भाली आँखें उसे ऊपर चढ़ते बड़े हर्ष से देख रही थीं। डोरी धीरे-धीरे खींची गयी। चम्पा की कामना थी कि उसका आकाश-द्वीप नक्षत्रों से हिल-मिल जाये; किन्तु वैसा असम्भव था। उसने आशाभरी आँखें फिरा लीं।

सामने जल-राशि का रजत श्रृंगार था। वरुण बालिकाओं के लिये लहरें हीरे और नीलम की क्रीड़ा शैल-मालाएँ बना रही थीं और वे मायाविनी छलनाएँ अपनी हँसी का कलानाद छोड़कर छिप जाती थीं। दूर-दूर से धीवरों का वंशी-झनकार उनके संगीत-सा मुखरित होता था। चम्पा ने देखा कि तरल संकुल जलराशि में उसके कंडील का प्रतिबिम्ब अस्त-व्यस्त था। वह अपनी पूर्णता के लिये सैकड़ों चक्कर काटता था। वह अनमनी होकर उठ खड़ी हुई। किसी को पास न देखकर पुकारा—"जया!"

एक श्यामा युवती सामने आकर खड़ी थी। वह जंगली थी। नील नभोमण्डल से मुख में शुद्ध नक्षत्रों की पंक्ति के समान उसके दाँत हँसते ही रहते। वह चम्पा को रानी कहती, बुद्धगुप्त की आज्ञा थी।

"महानाविक कब तक आवेंगे, बाहर पूछो तो?"—चम्पा ने कहा। जया चली गयी।

दूरागत पवन चम्पा के अंचल में विश्राम लेना चाहता था। उसके हृदय में गुदगुदी हो रही थी। आज न जाने क्यों वह बेसुध थी। एक दीर्घकाय दृढ़ पुरुष ने उसकी पीठ पर हाथ रखकर चमत्कृत कर दिया। उसने फिर कर कहा—"बुद्धगुप्त!"

"बावली हो क्या? यहाँ बैठी हुई अभी तक दीप जला रही हो, तुम्हें यह काम करना है?"

"क्षीर निधिशायी अनन्त की प्रसन्नता के लिये क्या दासियों से आकाश-दीप जलवाऊँ?"

"हँसी आती है। तुम किसको दीप जला कर पथ दिखलाना चाहती हो? उसको,

जिसको तुमने भगवान मान लिया है?"

"हाँ, वह भी कभी भटकते हैं, भूलते नहीं; नहीं तो बुद्धगुप्त को इतना ऐश्वर्य क्यों देते?"

"तो बुरा क्या हुआ, इस द्वीप की अधीश्वरी चम्पारानी!"

"मुझे इस बन्दीगृह से मुक्त करो। अब तो बाली, जावा और सुमात्रा का वाणिज्य केवल तुम्हारे अधिकार में है महानाविक! परन्तु मुझे उन दिनों की स्मृति सुहावनी लगती है, जब तुम्हारे पास एक ही नाव थी और चम्पा के उपकुल में पुण्य लादकर हम लोग सुखी जीवन बिताते थे—इस जल में अगुणित बार हम लोगों की तरी आलोकमय प्रभात में तारिकाओं की मधुर ज्योति में—थिरकती थी। बुद्धगुप्त! उस विजन अनन्त में जब माँझी सो जाते थे, दीपक बुझ जाते थे, हम-तुम परिश्रम से थककर पालों में शरीर लपेटकर एक-दूसरे के मुँह क्यों देखते थे। वह नक्षत्रों की मधुर छाया—"

"तो चम्पा! अब उससे भी अच्छे ढंग से हम लोग विचार सकते हैं। तुम मेरी प्राणदात्री हो, मेरी सर्वस्व हो।"

"नहीं, नहीं, तुमने दस्युवृत्ति छोड़ दी परन्तु हृदय वैसा ही अकरुण, सतृष्ण और ज्वलनशील है। तुम भगवान के नाम पर हँसी उड़ाते हो। मेरे आकाश-दीप पर व्यंग्य कर रहे हो। नाविक! उस प्रचण्ड आँधी में प्रकाश की एक-एक किरण के लिए हम लोग कितने व्याकुल थे। मुझे स्मरण है, मैं जब छोटी थी, मेरे पिता नौकरी पर समुद्र में जाते थे—मेरी माता मिट्‌टी का दीपक बाँस की पिटारी में भागीरथी के तट पर बाँस के साथ ऊँचे टाँग देती थी। उस समय वह प्रार्थना करती—'भगवान! मेरे पथभ्रष्ट नाविक को अन्धकार में ठीक पथ पर ले चलना।' और जब मेरे पिता बरसों बाद लौटते तो कहते—'साध्वी! तेरी प्रार्थना से भगवान ने भयानक संकटों में मेरी रक्षा की है।' वह गद्‌गद्‌ हो जाती। मेरी माँ! आह नाविक! यह उसी की पुण्यस्मृति है। मेरे पिता, वीर पिता की मृत्यु के निष्ठुर कारण जलदस्यु! हट जाओ।"—सहसा चम्पा का मुख क्रोध से भीषण होकर रंग बदलने लगा। महानाविक ने कभी यह रूप न देखा था। वह ठठाकर हँस पड़ा।

"यह क्या चम्पा? तुम अस्वस्थ हो जाओगी, सो रहो।"—कहता हुआ चला गया। चम्पा मुट्‌ठी बाँधे उन्मादिनी-सी घूमती रही।

: 5 :

निर्जन समुद्र के उपकूल में वेला से टकराकर लहरें बिखर जाती थीं। पश्चिम का पथिक थक गया था। उसका मुख पीला पड़ गया। अपनी शान्त गम्भीर हलचल में जलनिधि विचार में निमग्न था। वह जैसे प्रकाश की उन्मलिन किरणों से विरक्त था।

चम्पा और जया धीरे-धीरे उस तट पर आकर खड़ी हो गयीं। तरंग से उठते हुए

पवन ने उनके वसन को अस्त-व्यस्त कर दिया। जया के संकेत से एक छोटी-सी नौका आयी। दोनों के उस पर बैठते ही नाविक उतर गया। जया नाव खेने लगी। चम्पा मुग्ध-सी समुद्र के उदास वातावरण में अपने को मिश्रित कर देना चाहती थी।

"इतना जल! इतनी शीतलता!! हृदय की प्यास बुझी। पी सकूँगी? नहीं। तो जैसे वेला से चोट खाकर सिन्धु चिल्ला उठता है, उसी के समान रोदन करूँ? या जलते हुए स्वर्ण-गोलक सदृश अनन्त जल में डूबकर बुझ जाऊँ?"—चम्पा के देखते-देखते पीड़ा और ज्वलन से आरक्त बिम्ब धीरे-धीरे सिन्धु में चौथाई...आधा फिर सम्पूर्ण विलीन हो गया। एक दीर्घ निश्वास लेकर चम्पा ने मुँह फेर लिया। देखा तो महानाविक का बजरा उसके पास है। बुद्धगुप्त ने झुककर हाथ बढ़ाया। चम्पा उसके सहारे बजरे पर चढ़ गयी। दोनों पास-पास बैठ गए।

"इतनी छोटी नाव पर इधर घूमना ठीक नहीं। पास ही वह जलमग्न शैलखण्ड है। कहीं नाव टकरा जाती या ऊपर चढ़ जाती, चम्पा, तो?"

"अच्छा होता बुद्धगुप्त! जल में बन्दी होना कठोर प्राचीरों से तो अच्छा है।"

"आह चम्पा! तुम कितनी निर्दयी हो। बुद्धगुप्त को आज्ञा देकर तो देखो, वह क्या नहीं कर सकता। जो तुम्हारे लिये नये द्वीप की सृष्टि कर सकता है, नयी प्रजा खोज सकता है, नये राज्य बना सकता है, उसकी परीक्षा लेकर देखो तो...। कहो चम्पा! कृपाण से अपना हृदय-पिण्ड निकाल अपने हाथों अतल जल में विसर्जन कर दे!"—महानाविक...जिसके नाम से बाली, जावा और चम्पा का आकाश गूँजता था, पवन थर्राता था...घुटनों के बल चम्पा के सामने छलछलाई आँखों से बैठा था।

सामने शैलमाला की चोटी पर, हरियाली में, विस्तृत जल-देश में, नीलपिंगल सन्ध्या, प्रकृति की सहृदयता कल्पना, विश्राम की शीतल छाया, स्वप्नलोक का सृजन करने लगी। उस मोहिनी के रहस्यपूर्ण नीलजाल का कुहक स्फुट हो उठा। जैसे मदिरा से सारा अन्तरिक्ष सिक्त हो गया। सृष्टि नील-कमलों से भर उठी। उस सौरभ से पागल चम्पा ने बुद्धगुप्त के दोनों हाथ पकड़ लिए। वहाँ एक आलिंगन हुआ, जैसे क्षितिज में आकाश और सिन्धु का। किन्तु उस परिरम्भ में सहसा चैतन्य होकर चम्पा ने अपनी कंचुकी से एक कृपाण निकाल लिया।

"बुद्धगुप्त! आज मैं अपने प्रतिशोध का कृपाण अतल जल में डुबा देती हूँ। हृदय ने छल किया, बार-बार धोखा दिया"—चमककर वह कृपाण समुद्र का हृदय वेधता हुआ विलीन हो गया।

"तो आज से मैं विश्वास करूँ, क्षमा कर दिया गया?"—आश्चर्यकम्पित कण्ठ से महानाविक ने पूछा।

"विश्वास! कदापि नहीं बुद्धगुप्त! जब मैं अपने हृदय पर विश्वास नहीं कर सकी? उसी ने धोखा दिया, तब मैं कैसे कहूँ! मैं तुम्हें घृणा करती हूँ फिर भी तुम्हारे लिये मर सकती हूँ। अँधेरे में जलदस्यु! तुम्हें प्यार करती हूँ।"—चम्पा रो पड़ी।

वह सपनों की रंगीन सन्ध्या, तम से अपनी आँखें बन्द करने लगी थीं। दीर्घ निःश्वास लेकर महानाविक ने कहा—"इस जीवन की पुण्यतम घड़ी की स्मृति में एक प्रकाश-गृह बनाऊँगा चम्पा! यहीं, उस पहाड़ी पर। सम्भव है कि मेरे जीवन की धुँधली सन्ध्या उससे आलोकपूर्ण हो जाये।"

: 6 :

चम्पा के दूसरे भाग में एक मनोरम शैलमाला थी। वह बहुत दूर तक सिन्धु जल में निमग्न थी। सागर का चंचल जल उस पर उछलता हुआ उसे छिपाये था। आज उसी शैलमाला पर चम्पा के आदि-निवासियों का समारोह था। उन सबों ने चम्पा को वनदेवी-सा सजाया था। ताम्रलिप्ति के बहुत-से सैनिक और नाविकों की श्रेणी में वन-कुसुम-विभूषिता चम्पा शिविकारूढ़ होकर जा रही थी।

शैल के एक ऊँचे शिखर पर चम्पा ने नाविकों को सावधान करने के लिये सुदृढ़ दीप-स्तम्भ बनवाया गया था। शिविका से सहायता लेकर चम्पा को उसने उतारा। दोनों ने भीतर पदार्पण किया था कि बाँसुरी और ढोल बजने लगे। पंक्तियों में कुसुम-भूषण से सजी वन-बालाएँ फूल उछालती हुईं नाचने लगीं।

दीप-स्तम्भ की ऊपरी खिड़की से यह देखती हुई चम्पा ने जया से पूछा—"यह क्या है जया? इतनी बालिकाएँ कहाँ से बटोर लायी?"

"आज रानी का ब्याह है न?"—कहकर जया ने हँस दिया।

बुद्धगुप्त विस्तृत जलनिधि की ओर देख रहा था। उसे झकझोर कर चम्पा ने पूछा—"क्या यह सच है?"

"यदि तुम्हारी इच्छा हो तो यह सच भी हो सकता है चम्पा! कितने वर्षों से मैं उस ज्वालामुखी को अपनी छाती में दबाये हूँ।"

"चुप रहो महानाविक! क्या मुझे निःसहाय और कंगाल जानकर तुमने आज सब प्रतिशोध लेना चाहा?"

"मैं तुम्हारे पिता का घातक नहीं हूँ, चम्पा! वह एक दूसरे दस्यु के शस्त्र से मरे।"

"यदि मैं इसका विश्वास कर सकती! बुद्धगुप्त, वह दिन कितना सुन्दर होता, वह क्षण कितना स्पृहणीय! आह! तुम इस निष्ठुरता में भी कितने महान होते!"

जया नीचे चली गई थी। स्तम्भ के संकीर्ण प्रकोष्ठ में बुद्धगुप्त और चम्पा एकान्त में एक-दूसरे के सामने बैठे थे।

बुद्धगुप्त ने चम्पा के पैर पकड़ लिये। उच्छ्वासित शब्दों में वह कहने लगा, "चम्पा हम लोग जन्मभूमि—भारतवर्ष से कितनी दूर इन निरीह प्राणियों में इन्द्र और शची के समान पूजित हैं। पर जाने कौन अभिशाप हम लोगों को अभी तक

अलग किए हैं। स्मरण होता है वह दार्शनिकों का देश! वह महिमा की प्रतिमा! मुझे वह स्मृति नित्य आकर्षित करती है, परन्तु मैं क्यों नहीं जाता? जानती हो इतना महत्व प्राप्त करने पर भी मैं कंगाल हूँ। मेरा पत्थर-सा हृदय एक दिन सहसा तुम्हारे स्पर्श से चन्द्रकान्तमणि की तरह द्रवित हुआ।"

"चम्पा! मैं ईश्वर को नहीं मानता, मैं पाप को नहीं मानता, मैं दया को नहीं समझ सकता, मैं उस लोक में विश्वास नहीं करता। पर मुझे अपने हृदय के एक दुर्बल अंश पर श्रद्धा हो चली है । तुम न जाने कैसे एक बहकी हुई तारिका के समान मेरे शून्य में उदित हो गई हो। आलोक की कोमल रेखा इस निविड़ तम में मुस्कराने लगी। पशु-बल और धन के उपासक के मन में किसी शान्त और कान्त कामना की हँसी खिलखिलाने लगी; पर मैं न हँस सका।

"चलोगी चम्पा? पोतवाहिनी पर असंख्य धन-राशि लादकर राजरानी-सी जन्मभूमि के अंक में? आज हमारा परिणय हो, कल ही हम लोग भारत के लिये प्रस्थान करें। महानाविक बुद्धगुप्त की आज्ञा सिन्धु की लहरें मानती हैं। वे स्वयं उस पोत-कुंज को दक्षिण पवन के समान भारत में पहुँचा देंगी। आह, चम्पा! चलो।"

चम्पा ने उसके हाथ पकड़ लिये। किसी आकस्मिक झटके ने एक पल भर के लिए दोनों के अधकरों को मिला दिया। सहसा चैतन्य होकर चम्पा ने कहा—"बुद्धगुप्त! मेरे लिए सब भूमि मिट्टी है, सब जल तरल है, सब पवन शीतल है। कोई विशेष आकांक्षा हृदय में अग्नि के समान प्रज्ज्वलित नहीं। सब मिलाकर मेरे लिये एक शून्य है। प्रिय नाविक! तुम स्वदेश लौट जाओ, विभवों का सुख भोगने के लिये और मुझे छोड़ दो इन निरीह भोले-भाले प्राणियों के दुख की सहानुभूति और सेवा के लिए।"

"तब मैं अवश्य चला जाऊँगा चम्पा! यहाँ रहकर मैं अपने हृदय पर अधिकार कर सकूँ—इसमें सन्देह है। आह! किन लहरों से विनाश हो जाय!"—महानाविक के उच्छवास में विकलता थी। फिर उसने पूछा—"तुम अकेली यहाँ क्या करोगी?"

"पहले विचार था कि कभी-कभी इस दीप-स्तम्भ पर से आलोक जलाकर अपने पिता की समाधि का इस जल में अन्वेषण करूँगी। किन्तु देखती हूँ, मुझे भी इसी में जलना होगा, जैसे आकाश-दीप।"

एक दिन स्वर्ण-रहस्य के प्रभात में चम्पा ने अपने दीप-स्तम्भ पर से देखा—सामुद्रिक नावों की एक श्रेणी चम्पा का उपकूल छोड़कर पश्चिम-उत्तर की ओर महा जल-व्याल के समान सन्तरण कर रही है। उसकी आँखों से आँसू बहने लगे।

यह कितनी ही शताब्दियों पहले की कथा है। चम्पा आजीवन उस दीप-स्तम्भ में आलोक जलाती ही रही। किन्तु उसके बाद भी बहुत दिन, दीप-निवासी, उस माया-ममता और स्नेह-सेवा की देवी समाधिसदृश पूजा करते थे।

एक दिन काल के कठोर हाथों ने उसे भी अपनी चंचलता से गिरा दिया।

यशपाल
(1903-1976)

यशपाल का जन्म 3 दिसम्बर, 1903 ई. को फिरोजपुर छावनी में हुआ। इनके परिवार की आर्थिक स्थिति इतनी कमजोर थी कि बालक यशपाल को पढ़ाई के लिए किसी रिश्तेदार के यहाँ भेजना पड़ा किन्तु वहाँ भी पढ़ाई ठीक से न होने के कारण गुरुकुल काँगड़ी के स्कूल में प्रवेश दिला दिया गया। 1921 में यशपाल ने मैट्रिक की परीक्षा में प्रथम स्थान प्राप्त किया। इसी समय ये राजनीति में रुचि लेने लगे। बी.ए. पास करने के बाद भगतसिंह, सुखदेव, चन्द्रशेखर आजाद इत्यादि युवकों से परिचय हुआ। वे 'नौजवान भारतीय सभा' के सदस्य बन गये और क्रान्ति के पथ पर आ खड़े हुए। इन्हीं गतिविधियों के कारण जेल की हवा खाई, वहाँ रहते हुए बांग्ला, फ्रेंच, रूसी, इतालवी भाषाएँ सीखीं। सन् 1936 में जेल में ही प्रकाशवती से विवाह किया जो अपने आप में एक क्रान्तिकारी कदम था। 1936 ई. में जेल से छूटने के बाद इन्होंने कलम को अपना हथियार बना लिया। सर्वप्रथम 1938 ई. में 'विप्लव' नाम से पत्र निकाला, 1947 ई. में 'विप्लव' पुनः आरम्भ किया।

यशपाल प्रगतिवादी विचारधारा से प्रभावित होकर लिखने वाले महत्वपूर्ण कहानीकार हैं। इनकी कहानियों में सामाजिक यथार्थ का वस्तुपरक चित्रण मिलता है। आर्थिक परिवेश को समाज की सभी समस्याओं को केन्द्र मानने वाले यशपाल की कहानियाँ रूढ़िगत समाज के खोखलेपन को उजागर करती हैं। 'प्रतिष्ठा का बोझ', 'पुलिस की दफा', 'सुख-दुख', 'पराया दुख', 'परदा' आदि इनकी महत्वपूर्ण कहानियाँ हैं।

प्रमुख रचनाएँ

पिंजरे की उड़ान, वो दुनिया, ज्ञानदान, तर्क का तूफान, भस्मावृत चिनगारी, फूलों का कुर्ता, धर्मयुद्ध, चित्र का शीर्षक, उत्तमी की माँ (कहानी संग्रह)। दादा कामरेड, देशद्रोही, दिव्या, पार्टी कामरेड, मनुष्य के रूप, अमिता, झूठा सच (दो भाग), बारह घण्टे, अप्सरा का शाप, क्यों फँसें? मेरी तेरी उसकी बात। (उपन्यास) नशे-नशे की

देशद्रोही, दिव्या, पार्टी कामरेड, मनुष्य के रूप, अमिता, झूठा सच (दो भाग), बारह घण्टे, अप्सरा का शाप, क्यों फँसें? मेरी तेरी उसकी बात। (उपन्यास) नशे-नशे की बात। सिंहावलोकन (तीन भाग), लोहे की दीवार के दोनों ओर, गाँधीवाद की शव परीक्षा, राम-राज्य की कथा।

पुरस्कार : रीवां सरकार द्वारा सन् 1955 में देव पुरस्कार, सन 1970 में सोवियत लैण्ड पुरस्कार, हिन्दी साहित्य सम्मेलन, प्रयाग से सन 1971 में मंगलाप्रसाद पारितोषिक, भारत सरकार की ओर से पद्मभूषण उपाधि, 1976 में साहित्य अकादेमी पुरस्कार।

परदा

चौधरी पीरबक्श के दादा चुंगी के महकमे में दारोगा थे। आमदनी अच्छी थी। एक छोटा, पर, पक्का मकान भी उन्होंने बनवा लिया था। लड़कों को पूरी तालीम दी थी। दोनों लड़के एण्ट्रेन्स पास कर रेलवे में और डाकखाने में बाबू हो गये थे। चौधरी साहब की जिन्दगी में लड़कों के ब्याह और बाल-बच्चे भी हुए लेकिन ओहदों और तनख्वाह में खास तरक्की न हो सकी, तीस-चालीस रुपये माहवार के दर्जे पर ही रहे।

चौधरी साहब अपने जमाने की याद कर कहते, "वो भी क्या वक्त थे। लोग मिडिल पास कर डिप्टी-कलक्टरी करते थे और आजकल की तालीम है कि एण्ट्रेन्स तक अंग्रेजी पढ़ कर लड़के तीस-चालीस से आगे नहीं बढ़ पाते।" बेटों को ऊँचे ओहदे पर देखने का अरमान लिए ही उन्होंने आँखें मूँद ली थीं।

इंशाअल्ला, चौधरी साहब के कुनबे में बरक्कत हुई। चौधरी फ़ज़लकुर्बान रेलवाई में काम करते थे। अल्लाह ने उन्हें चार बेटे और तीन बेटियाँ दी थीं। चौधरी इलाहीबक्श डाकखाने में थे। उन्हें भी अल्लाह ने चार बेटे और दो लड़कियाँ बख्शी थीं।

चौधरी खानदान अपने मकान को हवेली पुकारता था। नाम बड़ा देने पर भी जगह तंग ही रही। दारोगा साहब के जमाने में जनाना भीतर था और बाहर बैठक में ये मोढ़े पर बैठ कर नेचा गुड़गुड़ाया करते थे। उनके बाद जगह की तंगी की वजह से बैठक भी जनाने में शामिल हो गयी थी और घर का ड्योढ़ी पर पर्दा लटक गया था। बैठक न रहने पर भी घर की इज्जत का ख्याल था इसलिए पर्दा बोरी के टाट का नहीं, बढ़िया किस्म का लटकाया जाता था।

जाहिरा दोनों भाइयों के बाल-बच्चे एक ही मकान में रहते थे पर भीतर सब अलग-अलग था। ड्योढ़ी का पर्दा कौन भाई लाये? इस समस्या का हल यह हुआ कि दारोगा साहब के जमाने की पलंग की रंगीन दरियाँ एक के बाद एक ड्योढ़ी में लटकायी जाने लगीं।

तीसरी पीढ़ी के ब्याह-शादी होने लगे। आखिर चौधरी खानदान की औलाद को हवेली छोड़ दूसरी जगहें तलाश करनी पड़ीं। चौधरी इलाहीबक्श के बड़े साहबजादे एण्ट्रेन्स पास कर डाकखाने में बीस रुपये की क्लर्की पा गये। दूसरे साहबजादे मिडिल

पास कर अस्पताल में कम्पाउण्डर बन गये। ज्यों-ज्यों जमाना गुजरता जाता, तालीम और नौकरी—दोनों ही मुश्किल होती जा रही थी। तीसरे बेटे होनहार थे, उन्होंने वजीफा पाया। जैसे-तैसे मिडिल पास कर स्कूल में मुदर्रिस हो देहात चले गये।

चौथे लड़के पीरबक्श प्राइमरी से आगे न बढ़ सके। आजकल की तालीम माँ-बाप पर खर्च के बोझ के सिवाय और है क्या? स्कूल की फीस हर महीने और किताबों, कापियों और नक्शों के लिए रुपये ही रुपये।

चौधरी पीरबक्श का भी ब्याह हो गया था। मौला के करम से बीवी की गोद भी जल्दी ही भर गयी। पीरबक्श ने रोजगार के तौर पर खानदान की इज़्ज़त के ख्याल से, एक तेल की मिल में मुंशीगिरी कर ली थी। तालीम ज्यादा नहीं तो क्या, सफेदपोश खानदान की इज़्ज़त का पास तो था। मजदूरी और दस्तकारी उनके करने की चीज़ें न थीं। वह चौकी पर बैठते, कलम-दवात का काम था।

बारह रुपया महीना अधिक नहीं होता। चौधरी पीरबक्श को मकान सितवा की कच्ची बस्ती में लेना पड़ा। मकान का किराया दो रुपया था। आस-पास गरीब और कमीन लोगों की बस्ती थी। कच्ची गली के बीचों-बीच गली के मुहाने पर लगे कमेटी के नल से निरन्तर टपकते पानी की काली धार बहती रहती थी, नाली के किनारे घास उग आयी थी। नाली पर मच्छरों और मक्खियों के बादल उमड़ते रहते थे। सामने रमजानी धोबी की भट्टी थी जिसमें से धुआँ और सज्जी मिले उबले कपड़ों की गंध उड़ती रहती थी। दायीं ओर नागरा बनाने वाले बीकानेरी मोचियों के घर थे। बायीं ओर वर्कशॉप में काम करने वाले कुली रहते थे।

उस पूरी बस्ती में चौधरी पीरबक्श ही पढ़े-लिखे और सफेदपोश थे। सिर्फ उनके ही घर ड्योढ़ी पर पर्दा था। सब लोग उन्हें चौधरी जी, मुन्शी जी कह कर सलाम करते थे। उनके घर की औरतों को कभी किसी ने गली में नहीं देखा था। इंशाअल्ला घर में औलाद थी तो वह भी लड़कियाँ। चार-पाँच बरस की उम्र तक किसी काम-काज से बाहर निकलतीं और फिर घर की आबरू के ख्याल से उनका बाहर निकलना मुनासिब न था। पीरबक्श खुद ही मुस्कराते हुए सुबह-शाम कमेटी के नल से घड़े भर लाते थे।

चौधरी की तनख्वाह पन्द्रह बरस में बारह से अठारह हो गयी थी। खुदा की बरक्कत होती है तो रुपये-पैसे की शक्ल में नहीं, आस-औलाद की शक्ल में होती है। पन्द्रह बरस में पाँच बच्चे हुए थे। पहले तीन लड़कियाँ और बाद में दो लड़के।

दूसरी लड़की होने की थी तो पीरबक्श की वालिदा मदद के लिये आयी थी। वालिद साहब का इन्तकाल हो चुका था। दूसरा कोई भाई वालिदा को लिवा ले जाने के लिए नहीं आया। वे छोटे लड़के के यहाँ ही रहने लगी थी।

जहाँ बाल-बच्चे और घर-बार होता हैं सौ किस्म की झंझट होती ही हैं। कभी बच्चे को तकलीफ है तो कभी जच्चा को। ऐसे वक्त में कर्ज की जरूरत कैसे न

हो? घर-बार है तो कर्ज भी होगा ही।

मिल की नौकरी का कायदा पक्का होता है। हर महीने की सात तारीख को गिनकर तनख्वाह मिल जाती है। पेशगी से मालिक को चिढ़ थी। कभी बहुत जरूरत पर ही मेहरबानी करते थे। जरूरत पड़ने पर चौधरी घर की छोटी-मोटी चीज गिरवी रख उधार ले आते थे। गिरवी रखने से रुपये के बारह आने ही मिलते थे। ब्याज मिलाकर सोलह आने हो जाते और फिर चीज के घर लौट आने की सम्भावना न रहती थी।.

मुहल्ले में चौधरी पीरबक्श की इज्जत थी। उस इज्जत का आधार था, घर के दरवाजे पर लटका परदा। भीतर जो हो, परदा सलामत रहता था। कभी बच्चों की खींच-खाँच या बेदरद हवा के झोंकों से उसमें छेद हो जाते तो परदे की आड़ में जनाने हाथ सुई-धागा लेकर उसकी मरम्मत कर देते थे।

दिनों का खेल! मकान की ड्योढ़ी के किवाड़ गलते-गलते बिलकुल गल गये थे। कई बार कसे जाने से पेंच टूट गये और सुराख ढीले पड़ गये। मकान मालिक सुरजू पाण्डे को उसकी फिक्र न थी। चौधरी कभी जाकर कहते-सुनते तो उत्तर मिलता, "कौन बड़ी रकम थमा देते हो! दो रुपल्ली किराया और वह भी छः-छः महीने का बकाया। जानते हो, लकड़ी का क्या भाव है? न हो मकान छोड़ दो।" आखिर किवाड़ गिर गये। रात में चौधरी उन्हें जैसे-तैसे चौखट से टिका देते। रात भर दहशत रहती, अगर कोई चोर आ जाय?

मुहल्ले में सफेदपोशी और इज्जत होने पर भी चोर के लिये घर में कुछ न था। शायद एक भी साबित कपड़ा या बरतन ले जाने के लिए चोर को न मिलता पर चोर तो चोर है। छिनने के लिए कुछ न हो तो चोर का डर तो होता ही है। वह चोर जो ठहरा!

चोर से ज्यादा फिक्र थी आबरू की। किवाड़ न रहने पर परदा ही आबरू का रखवाला था। यह परदा भी तार-तार होते-होते एक रात आँधी में किसी भी हालत में लटकाने लायक न रह गया था। दूसरे दिन सुबह घर की एकमात्र पुश्तैनी चीज दरी दरवाजे पर लटका दी गयी। मुहल्ले वालों ने देखा और चौधरी को सलाह दी, "अरे चौधरी, इस ज़माने में दरी को यों काहे खराब करोगे। बाजार से लाकर टाट का टुकड़ा न लटका दो!" चौधरी पीरबक्श टाट की कीमत मिल से आते-जाते कई दफे पूछ चुके थे। दो गज टाट आठ आने से कम में न मिल सकता था। हँस कर बोले, "होने दो, क्या है? हमारे यहाँ पक्की हवेली में भी ड्योढ़ी पर दरी का ही परदा रहता था।"

कपड़े की महँगी के जमाने में घर की पाँचों औरतों के शरीर से कपड़े जीर्ण होकर यों गिरते जा रहे थे जैसे पेड़ अपनी छाल छोड़ देते हैं पर चौधरी साहब की आमदनी से दिन में एक बार किसी तरह पेट भर सकने के लिए आटे के अलावा कपड़े की

गुंजाइश कहाँ थी? खुद उन्हें नौकरी पर जाना होता था। कुरते-पायजामे में जब पैबन्द सम्भालने की ताब न रही तो मारकीन का एक कुरता-पायजामा जरूरी हो गया था पर लाचार थे।

गिरवी रखने के लिए घर में जब कुछ न हो गरीब का एकमात्र सहायक है, पंजाबी खान! रहने की जगह भर देखकर ही वह रुपया उधार दे सकता है। दस महीने पहले गोद के लड़के बरकत के जन्म के समय पीरबक्श को रुपये की जरूरत आ पड़ी थी। कहीं और कोई प्रबन्ध न हो सकने के कारण उन्होंने पंजाबी खान बबर अली खाँ से चार रुपये उधार ले लिये थे।

बबर अली खाँ का रोजगार सितवा के कच्चे घरों के मुहल्ले में अच्छा-खासा चलता था। बीकानेरी मोची, वर्कशॉप के मजदूर और कभी-कभी रमज़ानी धोबी सभी बबर मियाँ से कर्ज लेते रहते थे। कई दफ़े चौधरी पीरबक्श ने बबर अली को कर्ज़ और सूद की किश्त न मिलने पर अपने दो हाथ के डंडे से ऋणी का दरवाजा पीटते देखा था, उन्हें साहूकार और ऋणाी में बीच-बचाव भी करना पड़ा था। खान को वे शैतान समझते थे लेकिन लाचार हो जाने पर उसकी ही शरण लेनी पड़ी। चार आना रुपया महीना पर चार रुपया कर्ज लिया था। शरीफ़ खानदानी मुसलमान भाई का ख्याल कर बबर अली ने एक रुपया माहवार की किश्त मान ली थी। आठ महीने में कर्ज अदा होना तय हुआ था।

खान की किश्त न दे सकने की हालत में अपने घर के दरवाजे पर फजीहत हो जाने की आशंका से चौधरी के रोयें खड़े हो जाते। सात महीने फाका करके भी किसी तरह वे किश्त देते चले गये लेकिन जब सावन में बरसात और बाजरा भी रुपये का तीन सेर मिलने लगा, ऋण की किश्त देना सम्भव न रहा था। खान सात तारीख की शाम को ही आया। चौधरी पीरबक्श ने खान की दाढ़ी छूकर और अल्लाह की कसम खाकर एक महीने की मुआफी चाही और अगले महीने एक का सवा देने का बायदा कर लिया। खान ने मान लिया।

भादों में हालत और भी परेशानी की हो गयी। बच्चों की माँ की तबीयत रोज-रोज गिरती ही जा रही थी। खाया-पिया उसके पेट में न ठहरता था। पथ्य के लिये उसे गेहूँ की रोटी देना जरूरी हो गया था। गेहूँ मुश्किल से मिलता था और रुपये का सिर्फ पौने दो सेर। बीमार का जी ठहरा, कभी प्याज के टुकड़े या धनिये की खुशबू के लिए ही मचल जाता। कभी पैसे की सौंफ, अजवायन, काला नमक की ही जरूरत हो तो पैसे की कोई चीज मिलती ही नहीं थी। बाजार में ताँबे का नाम ही नहीं रह गया था; नाहक इकन्नी जाती थी। चौधरी को चार रुपये महँगाई-भत्ते के भी मिले पर पेशगी लेते-लेते तनख्वाह के दिन केवल चार रुपये हिसाब में शेष निकले।

बच्चे पिछले हफ्ते में लगभग फाके से थे। चौधरी कभी गली से दो पैसे की चौराई खरीद लाते, कभी बाजरा उबाल सब लोग कटोरा-कटोरा भर पी लेते थे। बड़ी

कठिनता से मिले चार रुपयों में से सवा रुपया खान के हाथ में धर देने की हिम्मत चौधरी की न हुई।

मिल से घर लौटते समय चौधरी मण्डी की ओर टहल गये। दो घण्टे बाद जब समझा कि खान टल गया होगा, अनाज की गठरी ले वे घर पहुँचे। खान के भय से दिल डूब रहा था लेकिन दूसरी ओर चार भूखे बच्चों, उनकी माँ के दूध न उतर सकने के कारण सूख कर काँटा हो रहे गोद में बच्चे और चलने-फिरने से लाचार अपनी ज़ईफ माँ की भूख से बिलबिलाती सूरतें चौधरी की आँखों के सामने नाच जातीं। धड़कते हुए हृदय से वे कहने जा रहे थे, "मौला सब देखता है।" खैर करेगा।'

सात तारीख की शाम को असफल हो खान आठ की सुबह खूब तड़के, चौधरी के मिल चले जाने से पहले ही अपना डण्डा हाथ में लिए दरवाजे पर मौजूद था।

रात भर सोच-सोच कर चौधरी ने खान के लिए बयान तैयार किया था—मिल के मालिक लालाजी चार रोज के लिए बाहर गये हैं। उनके दस्तखत के बिना किसी को भी तनख्वाह नहीं मिल सकी। तनख्वाह मिलते ही वह सवा रुपया हाजिर करेगा।

माकूल वजह बता देने पर भी खान बहुत देर गुर्राता रहा, "अम वतन चोड़ के परदेस में पड़ा है, ऐसे रुपिया चोड़ देने का वास्ते? अमारा भी बाल-बच्चा है। चार रोज में रुपिया नईं देगा तो अम तुम्हारा...कर देगा।"

पाँचवें दिन रुपया कहाँ से आ जाता! तनख्वाह मिले हफ्ता भर नहीं हुआ था। मालिक ने पेशगी देने से साफ इनकार कर दिया। छठे दिन किस्मत से इतवार था। मिल में छुट्टी रहने पर भी चौधरी खान के डर से सुबह ही बाहर निकल गये थे। जान-पहचान के कई आदमियों के यहाँ गये। इधर-उधर की बातचीत कर वे कहते, "अरे भाई, हों तो बीस आने पैसे दो-एक रोज के लिए देना। ऐसे ही जरूरत आ पड़ी है।"

"अरे मियाँ, पैसे कहाँ इस जमाने में!" उत्तर मिलता,...पैसे का मोल कौड़ी नहीं रह गया। हाथ में आने से पहले ही उधार चुकाने में सब उठ गया है...।"

दोपहर हो गयी। खान आया भी होगा तो इस वक्त तक बैठा नहीं रहेगा, चौधरी ने सोचा और घर की तरफ चल दिये। घर पहुँचने पर सुना कि खान आया था और घण्टे भर तक ड्योढ़ी पर लटके दरी के परदे को डण्डे से ठेल-ठेल कर गाली देता रहा था। परदे की आड़ से बड़ी-बी के बार-बार खुदा की कसम खा यकीन दिलाने पर कि चौधरी बाहर गये हैं, रुपया लेने गये हैं, खान गाली देकर कहता, "नईं बदजात, चोर बीतर में चिपा है! अम चार घण्टे में पिर जाता है। रुपिया लेकर जायेगा। रुपिया नईं देगा तो उसका खाल उतार कर बाजार में बेच देगा...अमारा रुपिया क्या हराम का है?"

चार घण्टे से पहले ही खान की पुकार सुनाई दी—"चोदरी!" पीरबक्श के शरीर में बिजली-सी तड़प गयी और वह बिलकुल निस्सत्व हो गये; हाथ-पैर सुन्न और गला खुश्क!

गाली दे, परदे को ठेल कर खान के दुबारा पुकारने पर चौधरी का शरीर निर्जीव-प्राय होकर भी निश्चेष्ट न रह सका। वे उठ कर बाहर आ गये। खान आग-बबूला हो रहा था, "पैसा नईं देने का वास्ते चिपता है!" एक से एक चढ़ती हुई तीन गालियाँ एक साथ खान के मुँह से पीरबक्श के पुरखों और पीरों के नाम निकल गयीं। उस भयंकर आघात से पीरबक्श का खानदानी रक्त फड़क उठने के बजाय और भी निर्जीव हो गया। खान के घुटने छूकर, अपनी मुसीबत बता कर मुआफी के लिये खुशामद करने लगे।

खान की तेजी बढ़ गयी। उसके ऊँचे स्वर से पड़ोस के मोची और मजदूर चौधरी के दरवाजे के सामने इकट्ठे हो गये थे। खान क्रोध में डण्डा फटकार कर कह रहा था, "पैसा नहीं देना था तो लिया क्यों? तनख्वाह किदर में जाता? अरामी अमारा पैसा मारेगा!...अम तुम्हारा खाल खींच लेगा।...पैसा नईं है तो गर पर परदा लटका के शरीफजादा कैसे बनता?...तुम अम को बीबी का गैना दो, बर्तन दो, कुछ तो भी दो! अम ऐसे नईं जायेगा...।"

चौधरी पीरबक्श ने बिल्कुल बेबस और लाचारी में दोनों हाथ उठा कर खुदासे खान के लिए दुआ माँग कर कसम खायी—पैसा भी घर में नहीं, बर्तन भी नहीं, कपड़ा भी नहीं। खान चाहे तो बेशक उनकी खाल उतार कर बेच ले।

खान और भी भड़क उठा, "अम तुम्हारा दुआ का क्या करेगा, अम तुम्हारा खाल क्या करेगा, उसका तो जूती बी नई बनेगा। तुमारा खाल से तो ये टाट अच्छा...।" खान ने ड्योढ़ी पर लटका दरी का परदा झटक लिया। ड्योढ़ी से परदा हटने के साथ ही जैसे चौधरी के जीवन की डोर टूट गयी। वह डगमगा कर जमीन पर गिर पड़े।

चौधरी में उस दृश्य को देख सकने की ताब न थी परन्तु द्वार पर खड़ी भीड़ ने देखा—घर की औरतें-लड़कियाँ परदे के दूसरी ओर घटती घटना के आतंक से आँगन के बीचों-बीच भय से इकट्ठी खड़ी हो, काँप रही थीं। सहसा परदा हट जाने से औरतें ऐसे सिकुड़ गयीं जैसे उनके शरीर का वस्त्र खींच लिया गया हो। वह परदा ही तो घर भर की औरतों के शरीर का वस्त्र था। उनके शरीर पर बचे चीथड़े उनके एक तिहाई अंग ढँकने में भी असमर्थ थे...

जाहिल भीड़ ने घृणा और शरम से आँखें फेर लीं। उस नग्नता की झलक से खान की कठोरता भी पिघल गयी। ग्लानि से थूक, परदे को आँगन में वापिस फेंक, क्रुद्ध निराशा में उसने कहा, "लाहौल बिला...।" और असफल लौट गया।

भीड़ भय से चीख कर ओट में भागती हुई औरतों पर दया करके दरवाजे के सामने से हट गयी थी। चौधरी बेसुध पड़े थे। जब उन्हें होश आया, ड्योढ़ी का परदा आँगन में सामने पड़ा था परन्तु उसे उठाकर फिर से लटका देने का सामर्थ्य उनमें शेष न था। शायद अब उसकी आवश्यकता भी न रही थी।

परदा जिस भावना का अवलम्ब था, वह मर चुकी थी।

मोहन राकेश

(1925-1972)

प्रसिद्ध नाटककार और कथाकार मोहन राकेश का जन्म अमृतसर (पंजाब) में सन 1925 ई. को हुआ था। 1947 ई. में विभाजन के बाद वे जालंधर आकर बसे। कुछ वर्ष वे अध्यापक रहे और फिर पत्रकार। 1962-63 में वे 'सारिका' के सम्पादक रहे। इसके बाद वे स्वतंत्र लेखन द्वारा हिन्दी उपन्यास, कहानी नाटक और निबंध साहित्य के विकास में अपना महत्वपूर्ण योगदान देते रहे। नाटक और कहानी के क्षेत्र में राकेश का योगदान इतिहास में वर्णित है। उनके यात्रा वर्णन 'आखिरी चट्टान तक' में संकलित हैं। 'अँधेरे बन्द कमरे', 'न आने वाला कल' उनके प्रसिद्ध उपन्यास हैं। 'आधे अधूरे', 'लहरों के राजहंस' तथा 'आषाढ़ का एक दिन' मोहन राकेश के प्रसिद्ध नाटक हैं। उन्हें लेखन के क्षेत्र में उच्च आसन पर प्रतिष्ठित करने का प्रथम श्रेय उनके नाटकों को दिया जाता है। उनकी रचनाओं में आधुनिकतम चुनौतियों से पैदा होने वाले अंतर्द्वंद्वों और यन्त्रणाओं की सूक्ष्म अभिव्यक्ति हुई है। इनका कला साहित्य जीवन की निचली से निचली परत तक उघाड़ने में समर्थ है। कथ्य और शिल्प दोनों भूमिकाओं पर इनकी शैली कलागत ऊँचाइयों का आभास कराती है। उनका साहित्य बीसवीं सदी के उत्तरार्द्ध के जीवन और साहित्य का प्रामाणिक दस्तावेज है। मोहन राकेश जी के शब्दों में दोहराएँ तो–"लेखक का वास्तविक कमिटमेंट किसी विशेष विचारधारा से न होकर, अपने समय से और समय के जीवन से होता है।"

राकेश के लिए साहित्य कोई अजूबा या चमत्कार नहीं है, न साहित्यकार कोई मसीहा है, वह अनुभव और यथार्थ की जटल प्रक्रिया है। राकेश के सम्पूर्ण सृजन के प्रति अटूट आस्था, मानव जीवन के अधूरेपन की पीड़ा के कारण उसकी पूर्णता को पाने की छटपटाहट और एक स्वीकार-अस्वीकार का निरंतर चलने वाला द्वन्द्व है।

इनका निधन सन् 1972 ई. को हुआ।

अपरिचित

कोहरे की वजह से खिड़कियों के शीशे धुंधले पड़ गए थे। गाड़ी चालीस की रफ्तार से सुनसान अंधेरे को चीरती चली जा रही थी। खिड़की से सिर सटाकर भी बाहर कुछ दिखाई नहीं देता था। फिर भी मैं देखने की कोशिश कर रहा था। कभी किसी पेड़ की हल्की-गहरी रेखा ही गुजरती नजर आ जाती तो कुछ देख लेने का सन्तोष होता। मन को उलझाए रखने के लिए इतना ही काफी था। आँखों में जरा नींद नहीं थी। गाड़ी को जाने कितनी देर बाद कहीं जाकर रुकना था। जब और कुछ दिखाई न देता, तो अपना प्रतिबिम्ब तो कम-से-कम देखा ही जा सकता था। अपने प्रतिबिम्ब के आलावा और भी कई प्रतिबिम्ब थे। ऊपर की बर्थ पर सोये व्यक्ति का प्रतिबिम्ब अजब बेबसी के साथ हिल रहा था। सामने की बर्थ पर बैठी स्त्री का प्रतिबिम्ब बहुत उदास था। उसकी भारी पलकें पल-भर के लिए ऊपर उठतीं, फिर झुक जाती। आकृतियों के अलावा कई बार नई-नई आवाजें ध्यान बँटा देतीं, जिनसे पता चलता कि गाड़ी पुल पर से जा रही है या मकानों की कतार के पास से गुजर रही है। बीच में सहसा इंजन की चीख सुनाई दे जाती, जिससे अँधेरा और एकान्त और गहरे महसूस होने लगते।

मैंने घड़ी में वक्त देखा। सवा गयारह बजे थे। सामने बैठी स्त्री की आँखें बहुत सुनसान थीं। बीच-बीच में उनमें एक लहर सी उठती और विलीन हो जाती। वह जैसे आँखों से देख नहीं रही थी, सोच रही थी। उसकी बच्ची, जिसे फर के कम्बलों में लपेट कर सुलाया गया था, जरा-जरा कुनमुनाने लगी। उसकी गुलाबी टोपी सिर से उतर गई थी। उसने दो-एक बार पैर पटके, अपनी बँधी हुई मुट्ठियाँ ऊपर उठाई और रोने लगी। स्त्री की सुनसान आंखें सहसा उमड़ आई। उसने बच्चों के सिर पर टोपी ठीक कर दी और उसे कम्बलों समेत उठाकर छाती से लगा लिया।

मगर इससे बच्ची का रोना बन्द नहीं हुआ। उसने उसे हिलाकर और दुलारकर चुप कराना चाहा, मगर वह फिर भी रोती रही। इस पर कम्बल थोड़ा हटाकर वच्ची के मुँह में दूध दे दिया और उसे अच्छी तरह अपने साथ सटा लिया।

मैं फिर खिड़की से सिर सटाकर बाहर देखने लगा। दूर बत्तियों की एक कतार

नजर आ रही थी। शायद कोई आबादी थी, या सिर्फ सड़क ही थी। गाड़ी तेज रफ्तार से चल रही थी। और इंजन बहुत पास होने से कोहरे के साथ धुआँ भी खिड़की के शीशों पर जमता जा रहा था। आबादी या सड़क, जो भी वह थी, अब धीरे-धीरे पीछे रही जा रही थी। शीशे में दिखाई देते प्रतिबिम्ब पहले से गहरे हो गए थे। स्त्री की आँखे मुंद गई थीं और ऊपर लेटे व्यक्ति की बाँह जोर-जोर से हिल रही थीं। शीशे पर मेरी साँस के फैलने से प्रतिबिम्ब और धुँधले हो गए थे। यहाँ तक कि धीरे-धीरे सब प्रतिबिम्ब अदृश्य हो गए। मैंने तब जेब से रूमाल निकालकर शीशे को अच्छी तरह पोंछ दिया।

स्त्री ने आँखें खोल लीं थीं और एकटक सामने देख रही थी। उसके होंठों पर हल्की-सी रेखा फैली थी जो ठीक मुस्कराहट नहीं थी। मुस्कराहट से बहुत कम व्यक्त उस रेखा में कहीं गम्भीरता भी और भी थी और अवसाद भी—जैसे वह अनायास उभर आई किसी स्मृति की रेखा थी। उसके माथे पर हल्की-सी सिकुड़न पड़ गई थी।

बच्ची जल्दी ही दूध से हट गई। उसने सिर उठाकर अपना बिना दाँत का मुँह खोल दिया और किलकारी भरती हुई माँ की छाती पर मुट्ठियों से चोट करने लगी। दूसरी तरफ से आती एक गाड़ी तेज रफ्तार में पास से गुजरी तो वह जरा सहम गई, मगर गाड़ी के निकलते ही ओर भी मुँह खोलकर किलकारी भरने लगी। बच्ची का चेहरा गदराया हुआ था और उसकी टोपी के नीचे से भूरे रंग के हल्के-हल्के बाल नजर आ रहे थे। उसकी नाक जरा छोटी थी, पर आँखें माँ की तरह गहरी और फैली हुई थीं। माँ के गाल और कपड़े नोचकर उसकी आँखें मेरी तरफ घूम गई और वह बाहें हवा में पटकती हुई मुझे अपनी किलकारीयों का निशाना बनाने लगी।

स्त्री की पलकें उठीं और उसकी उदास आँखें क्षण-भर मेरी आँखों से मिली रहीं। मुझे उस क्षण-भर के लिए लगा कि मैं एक ऐसे क्षितिज को देख रहा हूँ जिसमें गहरी साँझ के सभी हल्के-गहरे रंग झिलमिला रहे हैं और जिसका दृश्यपट क्षण के हर सौवें हिस्से में बदलता जा रहा है...।

बच्ची मेरी तरफ देखकर बहुत हाथ पटक रही थी, इसलिए मैंने अपने हाथ उसकी तरफ बढ़ा दिए और कहा, "आ बेटे, आ...।"

मेरे हाथ पास आ जाने से बच्ची के हाथों का हिलना बन्द हो गया और उसके होंठ रुआँसे हो गए।

स्त्री ने बच्ची को अपने होंठों से छुआ और कहा, "जा बिट्टू, जाएगी उनके पास?"

लेकिन बिट्टू के होंठ और रुआँसे हो गए और वह मां के साथ सट गई।

"गैर आदमी से डरती है," मैंने मुसकराकर कहा और हाथ हटा लिए।

स्त्री के होंठ भिंच गए और माथे की खाल में थोड़ा खिंचाव आ गया। उसकी आँखें जैसे अतीत में चली गयीं। फिर सहसा वहाँ से लौट आई और वह बोली, "नहीं,

डरती नहीं। इसे दरअसल आदत नहीं है। यह आज तक या तो मेरे हाथों में रही है या नौकरानी के...," और वह उसके सिर पर झुक गई। बच्ची उसके साथ सटकर आँखें झपकाने लगी। महिला उसे हिलाती हुई, थपकियाँ देने लगी। बच्ची ने आँखें मूंद लीं। महिला उसकी तरफ देखती हुई जैसे चूमने के लिए होंठ बढ़ाए उसे थपकियां देती रही। फिर एकाएक उसने झुककर उसे चूम लिया।

"बहुत अच्छी है हमारी बिट्टू, झट से सो जाती है," यह उसने जैसे अपने से कहा और मेरी तरफ देखा। उसकी आँखों में एक उदास-सा उत्साह भर रहा था।

"कितनी बड़ी है यह बच्ची?" मैने पूछा।

"दस दिन बाद पूरे चार महीने की हो जाएगी," वह बोली, "पर देखने में अभी उससे छोटी लगती है। नहीं?"

मैने आँखों से उसकी बात का समर्थन किया। उसके चेहरे में एक अपनी ही सहजता थी—विश्वास और सादगी की। मैंने सोई हुई बच्ची के गाल को जरा सा सहला दिया। स्त्री का चेहरा और भावपूर्ण हो गया।

"लगता है आपको बच्चों से बहुत प्यार है," वह बोली, "आपके कितने बच्चे है?"

मेरी आँखें उसके चेहरे से हट गयी। बिजली की बत्ती के पास एक कीड़ा उड़ रहा था।

"मेरे?" मैंने मुस्कराने की कोशिश करते हुए कहा, ''अभी तो कोई नहीं है, मगर...।"

"मतलब ब्याह हुआ है, अभी बच्चे-अच्चे नहीं हुए," वह मुस्कराई "आप मर्द लोग तो बच्चों से बचे ही रहना चाहते हैं न?"

मैंने होंठ सिकोड़ लिए और कहा, "नहीं, यह बात नहीं...।"

"हमारे ये तो बच्ची को छूते भी नहीं," वह बोली, "कभी दो मिनट के लिए भी उठाना पड़ जाये तो झल्लाने लगते हैं। अब तो खैर वे इस मुसीबत से छूटकर बाहर ही चले गये हैं।" और सहसा आँखें छलछला आयीं। रूलाई की वजह से उसके होंठ बिल्कुल उस बच्ची जैसे हो गए थे। फिर सहसा उसके होंठों पर मुस्कराहट लौट आई—जैसा अक्सर सोये हुये बच्चों के साथ होता है। उसने आँखें झपककर अपने को सहेज लिया और बोली, "वे डॉक्टरेट के लिए इंग्लैण्ड गये है। मैं उन्हें बम्बई में जहाज पर चढ़ाकर आ रही हूँ।...वैसे छः-आठ महीने की बात है। फिर मैं भी उनके पास चली जाऊँगी।"

फिर उसने ऐसी नजर से मुझे देखा जैसे उसे शिकायत हो कि मैंने उसकी इतनी व्यक्तिगत बात उससे क्यों जान ली!

"आप बाद में अकेली जायेंगी?" मैंने पूछा, "इससे तो आप अभी साथ चली जातीं...।"

उसके होंठ सिकुड़ गए और आँखें फिर अन्तर्मुख हो गयीं। वह कई पल अपने में डूबी रही और उसी भाव से बोली, "साथ तो नहीं जा सकती थी क्योंकि अकेले उनके जाने की भी सुविधा नहीं थी। लेकिन उनको मैंने किसी तरह भेज दिया है। चाहती थी कि उनकी कोई तो चाह मुझसे पूरी हो जाए।...दीशी की बाहर जाने की बहुत इच्छा थी।...अब छः-आठ महीने मैं अपनी तनख्वाह में से कुछ पैसा बचाऊँगी और थोड़ा-बहुत कहीं से उधार लेकर अपने जाने का इन्तजाम करूँगी।"

उसने सोच में डूबती-उतराती अपनी आँखों को सहसा सचेत कर लिया और फिर कुछ छण शिकायत की नजर से मुझे देखती रही। फिर बोलो, "अभी बिट्टू भी बहुत छोटी है न? छः आठ महीने में यह बड़ी हो जाएगी और मैं भी तब तक थोड़ा और पढ़ लूंगी। दीशी की बहुत इच्छा है कि मैं एम.ए. कर लूँ। मगर मैं ऐसी जड़ और नाकारा हूँ कि उनकी कोई भी चाह पूरी नहीं कर पाती। इसलिए इस बार उन्हें भेजने के लिए मैंने अपने सब गहने बेच दिये हैं। अब मेरे पास बस मेरी बिट्टू है, और कुछ नहीं।" और वह बच्ची के सिर पर हाथ फेरती हुई, भरी-भरी नजर से उसे देखती रही।

बाहर वही सुनसान अन्धेरा था, वही लगातार सुनाई देती इंजन की फक्-फक्। शीशे से आंख गड़ा लेने पर भी दूर तक बीरानगी ही वीरानगी नजर आती थी।

मगर उस स्त्री की आँखों में जैसे दुनिया-भर की वत्सलता सिमट आई थी। वह फिर कई क्षण अपने में डूबी रही। फिर उसने एक उसाँस ली और बच्ची को अच्छी तरह कम्बलों में लपेटकर सीट पर लिटा दिया।

ऊपर की बर्थ पर लेटा हुआ आदमी खुर्राटे भर रहा था। एक बार करवट बदलते हुये वह नीचे गिरने को हुआ, पर सहसा हड़बड़ाकर सँभल गया। फिर कुछ ही देर में वह और जोर से खर्राटे भरने लगा।

"लोगों को जाने सफर में कैसे इतनी गहरी नींद आ जाती है!" वह स्त्री बोली, "मुझे दो-दो रातें सफर करना हो, तो भी मैं एक पल नहीं सो पाती। अपनी-अपनी आदत होती है!"

"हां, आदत की ही बात है," मैंने कहा, "कुछ लोग बहुत निश्चिन्त होकर जीते हैं और कुछ होते है कि...।"

"बगैर चिन्ता के जी नहीं सकते!" और वह हँस दी। उसकी हँसी का स्वर भी बच्चों जैसा ही था। उसके दाँत बहुत छोटे-छोटे और चमकीले थे। मैंने भी उसकी हँसी में साथ दिया।

"मेरी बहुत खराब आदत है," वह बोली, "मैं बात-बेबात के सोचती रहती हूँ। कभी-कभी तो मुझे लगता है कि मैं सोच-सोचकर पागल हो जाऊँगी। ये मुझसे कहते हैं कि मुझे लोगों से मिलना-जुलना चाहिए, खुलकर हँसना, बात करना चाहिए, मगर इनके सामने मैं ऐसे गुम-सुम हो जाती हूँ कि क्या कहूँ? वैसे और लोगों से भी मैं

ज्यादा बात नहीं करती लेकिन इनके सामने तो चुप्पी ऐसी छा जाती है जैसे मुंह से जबान हो ही नहीं...। ...अब देखिए न, इस वक्त कैसे लतर-लतर बात कर रही हूँ!" और वह मुस्कराई। उसके चेहरे पर हल्की-सी संकोच की रेखा आ गई।

"रास्ता काटने के लिए बात करना जरूरी हो जाता है," मैंने कहा, ''खास-तौर से जब नींद न आ रही हो।"

उसकी आँखें पल-भर फैली रहीं। फिर वह गरदन जरा झुकाकर बोली, "ये कहते हैं कि जिसके मुँह में जबान ही न हो, उसके साथ पूरी जिन्दगी कैसे काटी जा सकती है? ऐसे इन्सान में और एक पालतू जानवर में क्या फर्क है? मैं हजार चाहती हूँ कि इन्हें खुश दिखाई दूँ और इनके सामने कोई-न-कोई बात करती रहूँ, लेकिन मेरी सारी कोशिशें बेकार चली जाती हैं। इन्हें फिर गुस्सा आ जाता है और मैं रो देती हूँ। इन्हें मेरा रोना बहुत बुरा लगता है।" कहते हुये उसकी आँखों में आँसू छलक आए, जिन्हें उसने अपनी साड़ी के पल्ले से पोंछ लिया।

"मैं बहुत पागल हूँ," वह फिर बोली, "ये जितना मुझे टोकते हैं, मैं उतना ही ज्यादा रोती हूँ। दरअसल ये मुझे समझ नहीं पाते। मुझे बात करना अच्छा नहीं लगता, फिर जाने क्यों ये मुझे समझ नहीं पाते। मुझे बात करना अच्छा नहीं लगता, फिर जाने क्यों ये मुझे बात करने के लिए मजबूर करते हैं?" और फिर माथे को हाथ से दबाए हुए बोली, "आप भी अपनी पत्नी से जबर्दस्ती बात करने के लिए कहते हैं?"

मैंने पीछे टेक लगाकर कन्धे सिकोड़ लिए और हाथ बगलों में दबाये बत्ती के पास उड़ते हुए कीड़े को देखने लगा। फिर सिर को जरा-सा झटककर मैंने उसकी तरफ देखा। वह उत्सुक नजर से मेरी तरफ देख रहा थी।

"मैं?" मैंने मुस्कराने की चेष्टा करते हुए कहा, "मुझे यह कहने का मौका ही नहीं मिल पाता। मैं बल्कि पाँच साल से यह चाह रहा हूँ कि वह जरा कम बात किया करे। मैं समझता हूँ कि कई बार इन्सान चुप रहकर ज्यादा बात कह सकता है। जुबान से कही बात में वह रस नहीं होता जो आँख की चमक से या होंठों के कम्पन से या माथे की एक लकीर से कही गई बात में वह रस नहीं होता जो आँख की चमक से या होंठों के कम्पन से या माथे की एक लकीर से कही गई बात में होता है। मै जब उसे यह समझाना चाहता हूँ, तो वह मुझे विस्तारपूर्वक बता देती है कि ज्यादा बात करना इन्सान की निश्छलता का प्रमाण है और मैं इतने सालों में अपने प्रति उसकी भावना को समझ ही नहीं सका! वह दरअसल कॉलेज में लेक्चरर है और अपनी आदत की वजह से घर में भी लेक्चर देती रहती है।"

"ओह!" वह थोड़ी देर हाथों में अपना मुँह छिपाये रही। फिर बोली, "ऐसा क्यों होता है, यह मेरी समझ में नही आता। मुझे दीशी से यही शिकायत है कि वे मेरी बात नहीं समझ पाते। मैं कई बार उनके बालों में अपनी उँगलियाँ उलझाकर उनसे

बात करना चाहती हूँ। कई बार उनके घुटनों पर सिर रखकर मुँदी आँखों से उनसे कितना-कुछ कहना चाहती हूँ। लेकिन उन्हें यह सब अच्छा नही लगता। वे कहते हैं कि यह सब गुड़ियों का खेल है, उनकी पत्नी को जीता-जागता इन्सान होना चाहिए। और मैं इन्सान बनने की बहुत कोशिश करती हूँ, लेकिन नहीं बन पाती, कभी नहीं बन पाती। इन्हें मेरी कोई आदत अच्छी नहीं लगती। मेरा मन होता है कि चाँदनी रात में खेतों में घूमूँ, या नदी में पैर डालकर घण्टों बैठी रहूँ, मगर ये कहते हैं कि ये सब आइडल मन की वृत्तियाँ है। इन्हें क्लब, संगीत-सभाएँ और डिनर-पार्टियाँ अच्छी लगती हैं। मैं इनके साथ वहाँ जाती हूँ तो मेरा दम घुटने लगता है। मुझे वहाँ जरा अपनापन महसूस नहीं होता। ये कहते हैं कि तू पिछले जन्म में मेंढकी थी जो तुझे क्लब में बैठने की बजाय खेतों में मेंढकों की आवाजें सुनना ज्यादा अच्छा लगता है। मैं कहती हूँ कि मैं इस जन्म में भी मेंढकी हूँ। मुझे बरसात में भीगना बहुत अच्छा लगता है। और भीगकर मेरा मन कुछ-न-कुछ गुनगुनाने को कहने लगता है—हालाँकि मुझे गाना नहीं आता। मुझे क्लब में सिगरेट के धुएँ में घुटकर बैठे रहना नहीं अच्छा लगता। वहाँ मेरे प्राण गले को आने लगते हैं।"

उस थोड़े-से समय में ही मुझे उसके चेहरे का उतार-चढाव काफी परिचित लगने लगा था। उसकी बात सुनते हुये मेरे मन पर हल्की उदासी छाने लगी थी, हालाँकि मैं जानता था कि वह कोई भी बात मुझसे नहीं कह रही—वह अपने से बात करना चाहती है और मेरी मौजूदगी उसके लिए सिर्फ एक बहाना है। मेरी उदासी भी उसके लिए न होकर अपने लिए थी, क्योंकि बात उससे करते हुए भी मुख्य रूप से मैं सोच अपने विषय में रहा था। मैं पाँच साल से मंजिल-दर-मंजिल विवाहित जीवन से गुजरता आ रहा था—रोज यही सोचते हुये कि शायद आने वाला कल जिन्दगी के इस ढाँचे को बदल देगा। सतह पर हर चीज ठीक थी, कहीं कुछ गलत नहीं था, मगर सतह से नीचे जीवन कितनी-कितनी उलझनों और गाँठों से भरा था! मैंने विवाह के पहले दिनों में ही जान लिया था कि नलिनी मुझसे विवाह करके सुखी नहीं हो सकी, क्योंकि मैं उसकी कोई भी महत्त्वाकाँक्षा पूरी करने में सहायक नहीं हो सकता। वह एक भरा-पूरा घर चाहती थी, जिसमें उसका शासन हो और ऐसा सामाजिक जीवन जिसमें उसे महत्त्व का दर्जा प्राप्त हो। वह अपने से स्वतन्त्र अपने पति के मानसिक जीवन की कल्पना नहीं करती थी। उसे मेरी भटकने की वृति और साधारण का मोह मानसिक विकृतियाँ लगती थीं जिन्हें वह अपने अधिक स्वस्थ जीवन-दर्शन से दूर करना चाहती थी। उसने इस विश्वास के साथ जीवन आरम्भ किया था कि वह मेरी त्रुटियों की क्षतिपूर्ति करती हुई बहुत शीघ्र मुझे सामाजिक दृष्टि से सफल व्यक्ति बनने की दिशा में ले जाएगी। उसकी दृष्टि में यह मेरे संस्कारों का दोष था जो मैं इतना अन्तर्मुख रहता था और इधर-उधर मिल-जुलकर आगे बढ़ने का प्रयत्न नहीं करता था। वह इस परिस्थिति को सुधारना चाहती थी, पर परिस्थिति सुधरने

की जगह बिगड़ती गई थी। वह जो कुछ चाहती थी, वह मैं नहीं कर पाता था और जो कुछ मैं चाहता था, वह उससे नहीं होता था। इससे हमसें अक्सर चख़्-चख़् होने लगती थी और कई बार दीवारों से सिर टकराने की नौबत आ जाती थी। मगर यह सब हो चुकने पर नलिनी बहुत जल्द स्वस्थ हो जाती थी और उसे फिर मुझसे यह शिकायत होती थी कि मैं दो-दो दिन अपने को उन साधारण घटनाओं के प्रभाव से मुक्त क्यों नहीं कर पाता। मगर मैं दो-दो दिन क्या, कभी उन घटनाओं के प्रभाव से मुक्त नहीं हो पाता था, और रात को जब वह सो जाती थी, तो घण्टों तकिये में मुँह छिपाये कराहता रहता था। नलिनी आपसी झगड़े को उतना अस्वाभाविक नहीं समझती थी, जितना मेरे रात-भर जागने को, और उसके लिए मुझे नर्व टॉनिक लेने की सलाह दिया करती थी। विवाह के पहले दो वर्ष इसी तरह बीते थे और उसके बाद हम अलग-अलग जगह काम करने लगे थे। हालाँकि समस्या ज्यों-की-त्यों बनी थी, और जब भी हम इकट्ठे होते, वही पुरानी जिन्दगी लौट आती थी, फिर भी नलिनी का यह विश्वास अभी कम नहीं हुआ था कि कभी न कभी मेरे सामाजिक संस्कारों का उदय अवश्य होगा और तब हम साथ रहकर सुखी विवाहित जीवन व्यतीत कर सकेंगे।

"आप कुछ सोच रहे हैं?" उस स्त्री ने अपनी बच्ची के सिर पर हाथ फेरते हुये पूछा।

मैंने सहसा अपने को सहेजा और कहा, "हाँ, मैं आप ही की बात को लेकर सोच रहा था। कुछ लोग होते हैं, जिनसे दिखावटी शिष्टाचार आसानी से नहीं ओढ़ा जाता। आप भी शायद उन्हीं लोगों से हैं।"

"मैं नही जानती," वह बोली, "मगर इतना जानती हूँ कि मैं बहुत-से परिचित लोगों के बीच अपने का अपरिचित, बेगाना और अनमोल अनुभव करती हूँ। मुझे लगता है कि मुझमें ही कुछ कमी है। मैं इतनी बड़ी होकर भी वह कुछ नहीं जान-समझ पाई, जो लोग छुटपन में ही सीख जाते हैं। दीशी का कहना है कि मैं सामाजिक दृष्टि से बिलकुल मिसफिट हूं।"

"आप भी यही समझती हैं?" मैने पूछा।

"कभी समझती हूँ, कभी नहीं भी समझती," वह बोली,"एक खास तरह के समाज में मैं जरूर अपने को मिसफिट अनुभव करती हूँ। मगर...कुछ ऐसे लोग भी हैं जिनके बीच जाकर मुझे बहुत अच्छा लगता है। ब्याह से पहले मैं दो-एक बार कॉलेज की पार्टियों के साथ पहाड़ों पर घूमने के लिए गयी थी। वहाँ सब लोगों को मुझसे यही शिकायत होती थी कि मैं जहाँ बैठ जाती हूँ, वहीं की हो सकती हूँ। मुझे पहाड़ी बच्चे बहुत अच्छे लगते थे। मैं उनके घर के लोगों से भी बहुत जल्दी दोस्ती कर लेती थी। एक पहाड़ी परिवार की मुझे आज तक याद है। उस परिवार के बच्चे मुझसे इतना घुल-मिल गये थे कि मैं बड़ी मुश्किल से उन्हें छोड़कर उनके यहाँ से

चलपाई थी। मैं कुल दो घण्टे उन लोगों के पास रही थी। दो घण्टे में मैने उन्हें नहलाया-धुलाया भी और उनके साथ खेलती भी रही। बहुत ही अच्छे बच्चे थे वे। हाय उनके चेहरे इतने लाल थे कि क्या कहूँ। मैंने उनकी माँ से कहा कि वह अपने छोटे लड़के किशनू को मेरे साथ भेज दे। वह हँसकर बोली कि तुम सभी को ले जाओ, यहाँ कौन इनके लिये मोती रखे है! यहाँ तो दो साल में इनकी हड्डियाँ निकल आयेंगी, वहाँ खा-पीकर अच्छे तो रहेंगे। मुझे उसकी बात सुनकर रुलाई आने को हुई।... मैं अकेली होती, तो शायद कई दिनों के लिए उन लोगों के पास रह जाती। ऐसे लोगों में जाकर मुझे बहुत अच्छा लगता है।... अब तो आपको भी लग रहा होगा कि कितनी अजीब हूँ मैं! ये कहा करते हैं कि मुझे किसी अच्छे मनोविद् से अपना विश्लेषण कराना चाहिए, नहीं तो किसी दिन मैं पागल होकर पहाड़ों पर भटकती फिरूँगी!"

"यह तो अपनी-अपनी बनावट की बात है," मैंने कहा, "मुझे खुद आदिम संस्कारों के लोगों के बीच रहना अच्छा लगता हैं। मैं आज तक एक जगह घर बनाकर नहीं रह सका और न ही आशा है कि कभी रह सकूँगा। मुझे अपनी जिन्दगी की जो रात सबसे ज्यादा याद आती है, वह रात मैनें पहाड़ी गूजरों की एक बस्ती में बिताई थी। उस रात उस बस्ती में एक ब्याह था, इसलिए सारी रात वे लोग शराब पीते और नाचते-गाते रहे। मुझे बहुत हैरानी हुई जब मुझे बताया गया कि वही गूजर दस-दस रुपये के लिए आदमी का खून भी कर देते हैं!"

"आपको सचमुच इस तरह की जिन्दगी अच्छी लगती है?" उसने कुछ आश्चर्य और अविश्वास के साथ पूछा।

'आपको शायद खुशी हो रही है कि पागल होने की उम्मीदवार आप अकेली ही नहीं हैं," मैंने मुस्कराकर कहा। वह भी मुस्कराई। उसकी आँखें सहसा भावनापूर्ण हो उठीं। उस एक क्षण में मुझे उन आँखों में न जाने कितनी-कुछ दिखाई दिया—करुणा, क्षोभ, ममता, आर्द्रता, ग्लानि, भय, असमंजस और स्नेह! उसके होंठ कुछ कहने के लिए काँपे, लेकिन काँपकर ही रह गये। मैं भी चुपचाप उसे देखता रहा। कुछ क्षणों के लिए मुझे महसूस हुआ कि मेरा दिमाग बिल्कुल खाली और मुझे पता नहीं कि मैं क्या कर रहा था और आगे क्या कहना चाहता था। सहसा उसकी आँखों में फिर वही सूनापन भरने लगा। और क्षण-भर में ही वह इतना बढ़ गया कि मैंने उसकी तरफ से आँखें हटा लीं।

बत्ती के साथ उड़ता कीड़ा उसके साथ सटकर झुलस गया था।

बच्ची नींद में मुस्करा रही थी।

खिड़की के शीशे पर इतनी धुन्ध जम गई थी कि उसमें अपना चेहरा भी दिखाई नहीं देता था।

गाड़ी की रफ्तार धीमी हो रही थी। कोई स्टेशन आ रहा था। दो-एक बत्तियां

तेजी से निकल गयीं। मैंने खिड़की का शीशा उठा दिया। बाहर से आती बर्फानी हवा के स्पर्श ने स्नायुओं को थोड़ा सचेत कर दिया। गाड़ी एक बहुत नीचे प्लेटफार्म के पास आकर खड़ी हो रही थी।

"यहाँ कहीं थोड़ा पानी मिल जायेगा?"

मैंने चौंककर देखा कि वह अपनी टोकरी में से काँच का गिलास निकालकर अनिश्चित भाव से हाथ में लिये हैं। उसके चेहरे की रेखाएँ पहले से गहरी हो गई थीं।

"पानी आपको पीने के लिए चाहिए?" मैंने पूछा।

"हाँ। कुल्ला करूँगी और पिऊँगी भी। न जाने क्यों होंठ कुछ चिपक-से रहे हैं। बाहर इतनी ठण्ड है, फिर भी...।"

"देखता हूँ, अगर कोई नल-वल हो, तो...।"

मैंने गिलास उसके हाथ से लिया और जल्दी से प्लेटफार्म पर उतर गया। न जाने कैसा मनहूस स्टेशन था कि कहीं पर भी कोई इन्सान नजर नहीं आ रहा था। प्लेटफार्म पर पहुँचते ही हवा के झोंकों से हाथ-पैर सुन्न होने लगे। मैंने कोट के कॉलर ऊँचे कर लिये। प्लेटफार्म के जंगले के बाहर से फैलकर ऊपर आये दो-एक पेड़ हवा में सरसरा रहे थे। इंजन के भाप छोड़ने से लम्बी शूं-ऊं की आवाज सुनाई दे रही थी। शायद वहाँ गाड़ी सिग्नल न मिलने की वजह से रूक गई थी।

दूर कई डिब्बे पीछे एक नल दिखाई दिया, तो मैं तेजी से उस तरफ चल दिया। ईंटों के प्लेटफार्म पर अपने जूते का शब्द मुझे बहुत अजीब-सा लगा। मैंने चलते-चलते गाड़ी की तरफ देखा। किसी खिड़की से कोई चेहरा बाहर नही झाँक रहा था। मैं नल के पास जाकर गिलास में पानी भरने लगा। तभी हल्की सी सीटी देकर गाड़ी एक झटके के साथ चल पड़ी। मैं भरा हुआ पानी का गिलास लिये अपने डिब्बे की तरफ दौड़ा। दौड़ते हुये मुझे लगा कि मैं उस डिब्बे तक नहीं पहुँच पाऊँगा और सर्दी में उस अँधेरे और सुनसान प्लेटफार्म पर ही मुझे बिना साामान के रात बितानी होगी। यह सोचकर मैं और तेज दौड़ने लगा। किसी तरह अपने डिब्बे के बराबर पहुँच गया। दरवाजा खुला था और वह दरवाजे के पास खड़ी थी। उसने हाथ बढ़ाकर गिलास मुझसे ले लिया। फुटबोर्ड पर चढ़ते हुए एक बार मेरा पैर जरा सा फिसला, मगर अगले ही क्षण मैं स्थिर होकर खड़ा हो गया। इंजन तेज होने की कोशिश में हल्के-हल्के झटके दे रहा था और ईंटों के प्लेटफार्म की जगह अब नीचे अस्पष्ट गहराई दिखाई देने लगी थी।

"अन्दर आ जाइए," उसके ये शब्द सुनकर मुझे एहसास हुआ कि मुझे फुटबोर्ड से आगे भी कहीं जाना है। डिब्बे के अन्दर कदम रखा, तो मेरे घुटने जरा-जरा काँप रहे थे।

अपनी जगह पर आकर मैंने टांगें सीधी करके पीछे टेक लगा लीं। कुछ पल बाद

आँखे खोली तो लगा कि वह इस बीच मुँह धो आयी है। फिर भी उसके चेहरे पर मुर्दनी-सी छा रही थी। मेरे होंठ सुख रहे थे, फिर भी मैं थोड़ा मुस्कराया।

"क्या बात है, आपका चेहरा ऐसा क्यों लग रहा है?" मैंने पूछा।

"मैं कितनी मनहूस हूँ...," कहकर उसने अपना निचला होंठ जरा-सा काट लिया।

"क्यों?"

"अभी मेरी वजह से आपको कुछ हो जाता...।"

"यह खूब सोचा आपने!"

"नहीं। मैं हूँ ही ऐसी...," वह बोली, "जिन्दगी में हर एक को दुख ही दिया है। अगर कहीं आप न चढ़ पाते...।"

"तो?"

"तो?" उसने होंठ जरा सिकोड़े, "तो मुझे पता नहीं...पर...।"

उसने खामोश रहकर आँखें झुका लीं। मैंने देखा कि उसकी साँस जल्दी-जल्दी चल रही है। महसूस किया कि वास्तविक संकट की अपेक्षा कल्पना का संकट कितना बड़ा और खतरनाक होता है। शीशा उठा रहने से ठण्डी हवा आ रही थी। मैंने खींचकर शीशा नीचे कर दिया।

"आप क्यों गये थे पानी लाने के लिए? आपने मना क्यों नहीं कर दिया?" उसने पूछा।

उसके पूछने के लहजे से मुझे हँसी आ गयी।

"आप ही ने कहा था...।"

इससे उसके मुरझाये होंठों पर भी मुस्कराहट आ गई।

"आप भी कहेंगे, कैसी लड़की है," उसने आन्तरिक भाव के साथ कहा। "सच कहती हूँ, मुझे जरा अक्ल नहीं है। इतनी बड़ी हो गई हूँ, पर अक्ल रत्ती-भर नहीं है—सच!"

मैं फिर हँस दिया।

"आप हँस क्यों रहे हैं?" उसके स्वर में फिर शिकायत का स्पर्श आ गया।

"मुझे हँसने की आदत है!" मैंने कहा।

"हँसना अच्छी आदत नहीं है।"

मुझे इस पर फिर हँसी आ गयी।

वह शिकायत-भरी नजर से मुझे देखती रही।

गाड़ी की रफ्तार फिर तेज हो रही थी। ऊपर की बर्थ पर लेटा आदमी सहसा हड़बड़ाकर उठ बैठा और जोर-जोर से खाँसने लगा। खाँसी का दौरा शान्त होने पर उसने कुछ पल छाती को हाथ से दबाये रखा, फिर भारी आवाज में पूछा, "क्या बजा है?"

"पौने बारह" मैंने उसकी तरफ देखकर उत्तर दिया।

"कुल पौने बारह?" उसने निराश स्वर में कहा और फिर लेट गया। कुछ ही देर में वह फिर खर्राटे भरने लगा।

"आप भी थोड़ी देर सो जाइए।" वह पीछे टेक लगाए शायद कुछ सोच रही थी या केवल देख रही थी।

"आपको नींद आ रही है, आप सो जाइए।" मैंने कहा।

"मैने आपसे कहा था न मुझे गाड़ी में नींद नहीं आती। आप सो जाइये।"

मैंने लेटकर कम्बल ले लिया। मेरी आँखें देर तक ऊपर की बत्ती को देखता रहीं जिसके साथ झुलसा हुआ कीड़ा चिपककर रह गया था।

"रजाई भी ले लीजिये, काफी ठण्ड है," उसने कहा।

"नहीं, अभीं जरूरत नहीं है। मैं बहुत-से गर्म कपड़े पहने हूँ।"

''ले लीजिये, नहीं बाद में ठिठुरते रहियेगा।''

''नहीं, ठिठुरूँगा नहीं,'' मैंने कम्बल गले तक लपेटते हुये कहा, ''और थोड़ी-थोड़ी ठण्ड महसूस होती रहे, तो अच्छा लगता है।''

"बत्ती बुझा दूँ?" कुछ देर बाद उसने पूछा।

"नहीं, रहने दीजिए।"

" नहीं बत्ती बुझा देती हूँ। ठीक से सो जाइये।" और उसने उठकर बत्ती बुझा दी। मै काफी देर अँधेरे में छत की तरफ देखता रहा। फिर मुझे नींद आने लगी।

शायद रात आधी से ज्यादा बीत चुकी थी, जब इंजन के भोंपू की आवाज से मेरी नींद खुली। वह आवाज कुछ ऐसी भारी थी कि मेरे शरीर में एक झुरझुरी-सी भर गई। पिछले किसी स्टेशन पर इंजन बदल गया था।

गाड़ी धीरे-धीरे चलने लगी तो मैंने सिर थोड़ा ऊँचा उठाया। सामने की सीट खाली थी। वह स्त्री न जाने किस स्टेशन पर उतर गई थी। इसी स्टेशन पर न उतरी हो, यह सोचकर मैंने खिड़की का शीशा उठा दिया और बहार देखा। प्लेटफार्म बहुत पीछे रह गया था और बत्तियों की कतार के सिवाय कुछ साफ दिखाई नहीं दे रहा था। मैंने शीशा फिर नीचे खींच लिया। अन्दर की बत्ती अभी भी बुझी हुई थी। बिस्तर में नीचे को सरकते हुये मैंने देखा कि कम्बल के अलावा मैं अपनी रजाई भी लिये हूँ जिसे अच्छी तरह कम्बल के साथ मिला दिया गया है। गरमी की कई-एक सिहरनें एक साथ शरीर में भर गयीं।

ऊपर की बर्थ पर लेटा आदमी अब भी उसी तरह जोर-जोर से खर्राटे भर रहा था।

उषा प्रियंवदा

(1931)

हिन्दी कहानी जगत में उषा प्रियंवदा का आगमन एक ऐतिहासिक घटना के समान है। मूलतः अंग्रेजी की लेक्चरर रही प्रियंवदा जी ने हिन्दी में श्रेष्ठा साहित्य का सर्जन किया है। आपके कथा-साहित्य में नारी संवेदना के नए आयाम चित्रित हुए हैं। आपकी भावाभिव्यक्ति में भी वैचारिक गरिमा के दर्शन होते हैं। आपकी रचनाओं में प्रतीक विधान और सांकेतिकता का सहजता एवं सुबोधता के साथ प्रयोग हुआ है।

आपके रचना संसार में 'जिन्दगी और गुलाब के फूल','एक कोई दूसरा' (कहानी-संग्रह); 'पचपन खम्भे लाल दवारें', 'रुकोगी नहीं राधिका' (उपन्यास) आदि बहुचर्चित रहे हैं।

वापसी

गजाधर बाबू ने कमरे में जमा सामान पर एक नजर दौड़ाई—दो बक्स, डोलची, बाल्टी—"यह डिब्बा कैसा है गनेशी?" उन्होंने पूछा। गनेशी बिस्तर बाँधता हुआ, कुछ गर्व, कुछ दुःख, कुछ लज्जा से बोला, "घरवाली ने साथ को कुछ बेसन के लड्डू रख दिये हैं। कहा, बाबूजी को पसन्द हैं, अब कहाँ हम गरीब लोग आपकी कुछ खातिर कर पाएँगे।" घर जाने की खुशी में भी गजाधर बाबू ने एक विषाद का अनुभव किया जैसे एक परिचित, स्नेही, आदरमय, सहज संसार से उनका नाता टूट रहा था।

"कभी-कभी हम लोगों की भी खबर लेते रहियेगा।" गनेशी बिस्तर में रस्सी बाँधता हुआ बोला।

"कभी कुछ जरूरत हो तो लिखना गनेशी। इस अगहन तक बिटिया की शादी कर दो।"

गनेशी ने अँगोछे के छोर से आँखें पोंछीं, "अब आप लोग सहारा न देंगे तो कौन देगा! आप यहाँ रहते तो शादी में कुछ हौसला रहता।"

गजाधर बाबू चलने को तैयार बैठे थे। रेलवे क्वार्टर का वह कमरा, जिसमें उन्होंने कितने ही वर्ष बिताये थे, उनका सामान हट जाने से कुरूप और नग्न लग रहा था। आँगन में रोपे पौधे भी जान-पहचान के लोग ले गये थे, और जगह-जगह मिट्टी बिखरी हुई थी। पर पत्नी, बाल-बच्चों के साथ रहने की कल्पना में यह बिछोह एक दुर्बल लहर की तरह उठकर विलीन हो गया।

गजाधर बाबू खुश थे, बहुत खुश। पैंतीस साल की नौकरी के बाद वह रिटायर होकर जा रहे थे। इन वर्षों में अधिकांश समय उन्होंने अकेले रहकर काटा था। उन अकेले क्षणों में उन्होंने इसी समय की कल्पना की थी, जब वह अपने परिवार के साथ रह सकेंगे। इसी आशा के सहारे वह अपने अभाव का बोझ ढो रहे थे। संसार की दृष्टि में उनका जीवन सफल कहा जा सकता था। उन्होंने शहर में एक मकान बनवा लिया था, बड़े लड़के अमर और लड़की कान्ति की शादियाँ कर दी थीं, दो बच्चे ऊँची कक्षाओं में पढ़ रहे थे। गजाधर बाबू नौकरी के कारण प्रायः छोटे स्टेशनों पर रहे, और उनके बच्चे और पत्नी शहर में, जिससे पढ़ाई में बाधा न हो। गजाधर बाबू स्वभाव

से बहुत स्नेही व्यक्ति थे और स्नेह के आकांक्षी भी। जब परिवार साथ था, ड्यूटी से लौटकर बच्चों से हँसते-बोलते, पत्नी से कुछ मनोविनोद करते—उन सबके चले जाने से उनके जीवन में गहन सूनापन भर उठा। खाली क्षणों में उनसे घर में टिका न जाता। कवि प्रकृति के न होने पर भी, उन्हें पत्नी की स्नेहपूर्ण बातें याद रहतीं। दोपहर में, गरमी होने पर भी, दो बजे तक आग जलाये रहती और उनके स्टेशन से वापस आने पर गरम-गरम रोटियाँ सेंकती—उनके खा चुकने और मना करने पर भी थोड़ा-सा कुछ और थाली में परोस देती, और बड़े प्यार से आग्रह करती। जब वह थके-हारे बाहर से आते, तो उनकी आहट पा वह रसोई के द्वार पर निकल आती, और उनकी सलज्ज आँखें मुस्करा उठतीं। गजाधर बाबू को तब हर छोटी बात भी याद आती और वह उदास हो उठते...अब कितने वर्षों बाद वह अवसर आया था जब वह फिर उसी स्नेह और आदर के मध्य रहने जा रहे थे।

टोपी उतारकर गजाधर बाबू ने चारपाई पर रख दी, जूते खोलकर नीचे खिसका दिये। अन्दर से रह-रहकर कहकहों की आवाज आ रही थी, इतवार का दिन था और उनके सब बच्चे इकट्ठे होकर नाश्ता कर रहे थे। गजाधर बाबू के सूखे चेहरे पर स्निग्ध मुस्कान आ गई। उसी तरह मुस्कराते हुए, वह बिना खाँसे अन्दर चले आये। उन्होंने देखा कि नरेन्द्र कमर पर हाथ रखे शायद गत रात्रि की फिल्म में देखे गए किसी नृत्य की नकल कर रहा था, और बसन्ती हँस-हँसकर दुहरी हो रही थी। अमर की बहू को अपने तन-बदन, आँचल या घूँघट का कोई होश न था और वह उन्मुक्त रूप से हँस रही थी। गजाधर बाबू को देखते ही नरेन्द्र धप से बैठ गया और चाय का प्याला उठाकर मुँह से लगा लिया। बहू को होश आया और उसने झट से माथा ढक लिया, केवल बसन्ती का शरीर रह-रहकर हँसी दबाने के प्रयत्न में हिलता रहा।

गजाधर बाबू ने मुस्कराते हुए उन लोगों को देखा। फिर कहा, "क्यों नरेन्द्र, क्या नकल हो रही थी?" "कुछ नहीं बाबूजी।" नरेन्द्र ने सिटपिटाकर कहा। गजाधर बाबू ने चाहा था कि वह भी इस मनोविनोद में भाग लेते, पर उनके आते ही जैसे सब कुंठित हो चुप हो गये, उससे उनके मन में थोड़ी-सी खिन्नता उपज आयी। बैठते हुए बोले, "बसन्ती, चाय मुझे भी देना। तुम्हारी अम्मा की पूजा अभी चल रही है क्या?" बसन्ती ने माँ की कोठरी की ओर देखा, "अभी आती ही होंगी," और प्याले में उनके लिये चाय छानने लगी। बहू चुपचाप पहले ही चली गई थी, अब नरेन्द्र भी चाय का आखिरी घूँट पीकर उठ खड़ा हुआ, केवल बसन्ती, पिता के लिहाज में, चौके में बैठी माँ की राह देखने लगी। गजाधर बाबू ने एक घूँट चाय पी, फिर कहा, "बिट्टी—चाय तो फीकी है।"

"लाइये, चीनी और डाल दूँ।" बसंती बोली।

"रहने दो, तुम्हारी अम्माँ जब आएँगी, तभी पी लूँगा।"

थोड़ी देर में उनकी पत्नी हाथ में अर्घ्य का लोटा लिये निकलीं और अशुद्ध स्तुति

करते हुए तुलसी में डाल दिया। उन्हें देखते ही बसन्ती भी उठ गई। पत्नी ने आकर गजाधर बाबू को देखा और कहा, "अरे, आप अकेले बैठे हैं—यह सब कहाँ गये?" गजाधर बाबू के मन में फाँस-सी करक उठी, "अपने-अपने काम में लग गये हैं—आखिर बच्चे ही हैं।"

पत्नी आकर चौके में बैठ गईं—उन्होंने नाक-भौं चढ़ाकर चारों ओर जूठे बर्तनों को देखा। फिर कहा, "सारे में जूठे बर्तन पड़े हैं। इस घर में धरम-करम कुछ नहीं। पूजा करके सीधे चौके में घुसो।" फिर उन्होंने नौकर को पुकारा, जब उत्तर न मिला तो एक बार और उच्च स्वर में, फिर पति की ओर देखकर बोली, "बहू ने भेजा होगा बाजार।" और एक लम्बी साँस लेकर चुप हो रहीं।

गजाधर बाबू बैठकर चाय और नाश्ते का इन्तजार करते रहे। उन्हें अचानक ही गनेशी की याद आ गई। रोज सुबह, पैसेंजर आने से पहले वह गर्म-गर्म पूरियाँ और जलेबी बनाता था। गजाधर बाबू जब तक उठकर तैयार होते, उनके लिये जलेबियाँ और चाय लाकर रख देता था। चाय भी कितनी बढ़िया, काँच के गिलास में ऊपर तक भरी लबालब, पूरे ढाई चम्मच चीनी, और गाढ़ी मलाई। पैसेंजर भले ही रानीपुर लेट पहुँचे, गनेशी ने चाय पहुँचाने में कभी देर नहीं की। क्या मजाल कि कभी उससे कुछ कहना पड़े।

पत्नी का शिकायत-भरा स्वर सुनकर उनके विचारों में व्याघात पहुँचा। वह कह रही थीं, सारा दिन इसी खिच-खिच में निकल जाता है। इसी गिरस्थी का धंधा पीटते-पीटते उमर बीत गई। कोई जरा हाथ भी नहीं बँटाता।

"बहू क्या करती है?" गजाधर बाबू ने पूछा।

"पड़ी रहती है। बसन्ती को तो फिर कहो कि कॉलेज जाना होता है।"

गजाधर बाबू ने जोश में आकर बसन्ती को आवाज दी। बसन्ती भाभी के कमरे से निकली तो गजाधर बाबू ने कहा, "बसन्ती, आज से शाम का खाना बनानें की जिम्मेदारी तुम पर है। सुबह का भोजन तुम्हारी भाभी बनायेंगी।"

बसन्ती मुँह लटकाकर बोली, "बाबूजी, पढ़ना भी तो होता है।"

गजाधर बाबू ने बड़े प्यार से समझाया, "तुम सवेरे पढ़ लिया करो। तुम्हारी माँ बूढ़ी हुईं, उनके शरीर में अब वह शक्ति नहीं बची है। तुम हो, तुम्हारी भाभी हैं, दोनों को मिलकर काम में हाथ बँटाना चाहिये।"

बसन्ती चुप रह गई। उसके जाने के बाद, उसकी माँ ने धीरे-से कहा, "पढ़ने का तो बहाना है। कभी जी नहीं लगता, लगे कैसे? शीला से ही फुरसत नहीं, बड़े-बड़े लड़के हैं उस घर में। हर वक्त वहाँ घुसा रहना मुझे नहीं सुहाता। मना करूँ तो सुनती नहीं।"

नाश्ता कर, गजाधर बाबू बैठक में चले गये। घर छोटा था और ऐसी व्यवस्था हो चुकी थी कि उसमें गजाधर बाबू के रहने के लिये कोई स्थान न बचा था। जैसे किसी मेहमान के लिये कुछ अस्थायी प्रबन्ध कर दिया जाता है, उसी प्रकार बैठक

में कुर्सियों को दीवार से सटाकर बीच में गजाधर बाबू के लिये पतली-सी चारपाई डाल दी गई थी—गजाधर बाबू उस कमरे में पड़े-पड़े, कभी-कभी अनायास ही इस अस्थायित्व का अनुभव करने लगते। उन्हें याद हो आती उन रेलगाड़ियों की, जो आतीं और थोड़ी देर रुककर किसी और लक्ष्यं की ओर चली जातीं।

घर छोटा होने के कारण बैठक में ही अब अपना प्रबन्ध किया था। उनकी पत्नी के पास अन्दर एक छोटा कमरा अवश्य था, पर वह एक ओर अचारों के मर्तबान, दाल, चावल के कनस्तर और घी के डिब्बे से घिरा था—तो दूसरी ओर पुरानी रजाइयाँ, दरियों में लिपटी और रस्सी से बँधी रखी थीं, उसके पास एक बड़े-से टीन के बक्स में घर-भर के गरम कपड़े थे। बीच में एक अलगनी बँधी हुई थी, जिस पर प्रायः बसन्ती के कपड़े लापरवाही से पड़े रहते थे। वह भरसक उस कमरे में नहीं जाते थे। घर का दूसरा कमरा अमर और उसकी बहू के पास था। तीसरा कमरा, जो सामने की ओर था, बैठक था। गजाधर बाबू के आने से पहले उसमें अमर की ससुराल से आया बेंत की तीन कुर्सियों का सेट पड़ा था। कुर्सियों पर नीली गद्दियाँ और बहू के हाथों के कढ़े कुशन थे।

जब कभी उनकी पत्नी को कोई लम्बी शिकायत करनी होती तो अपनी चटाई बैठक में डाल, पड़ जाती थीं। तो वह एक दिन चटाई लेकर आ गईं। गजाधर बाबू ने घर-गृहस्थी की बातें छेड़ीं, वह घर का रवैया देख रहे थे। बहुत हलके-से उन्होंने कहा कि अब हाथ में पैसा कम रहेगा, कुछ खर्च कम होना चाहिए।

"सभी खर्च तो वाजिब हैं, किसका पेट काटूँ? यही जोड़-गाँठ करते-करते बूढ़ी हो गयी न मन का पहना, न ओढ़ा।"

गजाधर बाबू ने आहत, विस्मित दृष्टि से पत्नी को देखा। उनसे अपनी हैसियत छिपी न थी। उनकी पत्नी तंगी का अनुभव कर उसका उल्लेख करतीं, यह स्वाभाविक था, लेकिन उनमें सहानुभूति का पूर्ण अभाव गजाधर बाबू को बहुत खटका। उनसे यदि राय-बात की जाती कि प्रबन्ध कैसे हो, तो उन्हें चिन्ता कम, सन्तोष अधिक होता। लेकिन उनसे तो केवल शिकायत की जाती थी जैसे परिवार की सब परेशानियों के लिये वही जिम्मेदार थे।

"तुम्हें किस बात की कमी है अमर की माँ? घर में बहू है, लड़के-बच्चे हैं, सिर्फ रुपये से ही आदमी अमीर नहीं होता" गजाधर बाबू ने कहा और कहने के साथ ही अनुभव किया, यह उनकी आन्तरिक अभिव्यक्ति थी ऐसी कि उनकी पत्नी नहीं समझ सकतीं। "हाँ, बड़ा सुख है न बहू से। आज रसोई करने गयी है, देखो क्या होता है," कहकर पत्नी ने आँखें मूँदीं और सो गईं। गजाधर बाबू बैठे हुए पत्नी को देखते रह गए—यही थी क्या उनकी पत्नी जिसके हाथों के कोमल स्पर्श, जिसकी मुस्कान की याद में उन्होंने सम्पूर्ण जीवन काट दिया था? उन्हें लगा कि वह लावण्यमयी युवती जीवन की राह में कहीं खो गयी और उसकी जगह आज जो स्त्री

है, वह उनके मन और प्राणों के लिए नितांत अपरिचिता है। गाढ़ी नींद में डूबी उनकी पत्नी का भारी-सा शरीर बहुत बेडौल और कुरूप लग रहा था, चेहरा श्रीहीन और रूखा था। गजाधर बाबू देर तक निस्संग दृष्टि से पत्नी को देखते रहे और फिर लेटकर छत की ओर ताकने लगे।

अन्दर कुछ गिरा और उनकी पत्नी हड़बड़ाकर उठ बैठीं, "लो, बिल्ली ने कुछ गिरा दिया शायद," और वह अन्दर भागीं, थोड़ी देर में लौटकर आईं तो उनका मुँह फूला हुआ था, "देखो बहू को, चौका खुला छोड़ आया, बिल्ली ने दाल की पतीली गिरा दी। सभी तो खाने को हैं, अब क्या खिलाऊँगी?" वह साँस लेने को रुकीं और बोलीं, "एक तरकारी और चार पराँठे बनाने में सारा डिब्बा घी उँड़ेलकर रख दिया। जरा-सा दर्द नहीं है, कमाने वाला हाड़ तोड़े और यहाँ चीजें लुटें। मुझे तो मालूम था कि यह सब काम किसी के बस का नहीं है।"

गजाधर बाबू को लगा कि पत्नी कुछ और बोलेंगी तो उनके कान झनझना उठेंगे। ओठ भींच, करवट लेकर उन्होंने पत्नी की ओर पीठ कर ली।

रात को भोजन बसन्ती ने जान-बूझकर ऐसा बनाया कि कौर तक निगला न जा सके। गजाधर बाबू चुपचाप खाकर उठ गए, पर नरेन्द्र थाली सरकाकर उठ खड़ा हुआ और बोला, "मैं ऐसा खाना नहीं खा सकता।"

बसन्ती तुनककर बोली, "तो न खाओ, कौन तुम्हारी खुशामद करता है,"

"तुमसे खाना बनाने को कहा किसने था?" नरेन्द्र चिल्लाया।

"बाबूजी ने।"

"बाबूजी को बैठे-बैठे यही सूझता है।"

बसन्ती को उठाकर माँ ने नरेन्द्र को मनाया और अपने हाथ से कुछ बनाकर खिलाया। गजाधर बाबू ने बाद में पत्नी से कहा, "इतनी बड़ी लड़की हो गयी और उसे खाना बनाने तक का शऊर नहीं आया।" "अरे, आता सब कुछ है, करना नहीं चाहती," पत्नी ने उत्तर दिया। अगली शाम माँ को रसोई में देख, कपड़े बदलकर बसन्ती बाहर आयी तो बैठक से गजाधर बाबू ने टोक दिया, "कहाँ जा रही हो?"

"पड़ोस में, शीला के घर।" बसन्ती ने कहा।

"कोई जरूरत नहीं है, अंदर जाकर पढ़ो।" गजाधर बाबू ने कड़े स्वर में कहा। कुछ देर अनिश्चित खड़े रहकर बसंती अंदर चली गई। गजाधर बाबू शाम को रोज टहलने चले जाते थे, लौटकर आये तो पत्नी ने कहा, "क्या कह दिया बसंती से? शाम से मुँह लपेटे पड़ी है। खाना भी नहीं खाया।"

गजाधर बाबू खिन्न हो आय। पत्नी की बात का उन्होंने कुछ उत्तर नहीं दिया। उन्होंने मन में निश्चय कर लिया कि बसंती की शादी जल्दी ही कर देनी है। उस दिन के बाद बसंती पिता से बची-बची रहने लगी। जाना होता तो पिछवाड़े से जाती। गजाधर बाबू ने दो-एक बार पत्नी से पूछा तो उत्तर मिला, "रूठी हुई है।" गजाधर

बाबू को और रोष हुआ। लड़की के इतने मिज़ाज, जाने को रोक दिया तो पिता से बोलेगी नहीं। फिर उनकी पत्नी ने ही सूचना दी कि अमर अलग रहने की सोच रहा है।

"क्यों?" गजाधर बाबू ने चकित होकर पूछा।

पत्नी ने साफ-साफ उत्तर नहीं दिया। अगर और उसकी बहू की शिकायतें बहुत थीं। उनका कहना था कि गजाधर बाबू हमेशा बैठक में ही पड़े रहते हैं, कोई आने-जाने वाला हो तो कहीं बैठाने की जगह नहीं। अमर को अब भी वह छोटा-सा समझते थे, और मौके-बेमौके टोक देते थे। बहू को काम करना पड़ता था और सास जब-तब फूहड़पन पर ताने देती रहती थीं। "हमारे आने के पहले भी कभी ऐसी बात हुई थी?" गजाधर बाबू ने पूछा। पत्नी ने सिर हिलाकर जताया कि नहीं। पहले अमर घर का मालिक बनकर रहता था—बहू को कोई रोक-टोक न थी, अमर के दोस्तों का प्रायः यहीं अड्डा जमा रहता था और अंदर से नाश्ता-चाय तैयार होकर जाता रहता था। बसन्ती को भी वही अच्छा लगता था।

गजाधर बाबू ने बहुत धीरे-से कहा, "अमर से कहो, जल्दबाजी की कोई जरूरत नहीं है।"

अगले दिन वह सुबह घूमकर लौटे तो उन्होंने पाया कि बैठक में उनकी चारपाई नहीं है। अंदर जाकर पूछने ही वाले थे कि उनकी दृष्टि रसोई के अंदर बैठी पत्नी पर पड़ी। उन्होंने यह कहने को मुँह खोला कि बहू कहाँ है; पर कुछ याद कर चुप हो गए। पत्नी की कोठरी में झाँका तो अचार, रजाइयों और कनस्तरों के मध्य अपनी चारपाई लगी पायी। गजाधर बाबू ने कोट उतारा और कहीं टाँगने को दीवार पर नजर दौड़ाई। फिर उसे मोड़कर, अलगनी के कुछ कपड़े खिसकाकर एक किनारे टाँग दिया। कुछ खाए बिना ही अपनी चारपाई पर लेट गये। कुछ भी हो, तन आखिरकार बूढ़ा ही था। सुबह-शाम कुछ दूर टहलने अवश्य चले जाते, पर आते-आते थक उठते थे। गजाधर बाबू को अपना बड़ा-सा, खुला हुआ क्वार्टर याद आ गया। निश्चिन्त जीवन, सुबह पैसेंजर ट्रेन आने पर स्टेशन की चहल-पहल, चिरपरिचित चेहरे और पटरी पर रेल के पहियों की खट्-खट्, जो उनके लिए मधुर संगीत की तरह था। तूफान और डाक गाड़ी के इंजनों की चिंघाड़ उनकी अकेली रातों की साथी थी। सेठ रामजीमल की मिल के कुछ लोग कभी-कभी पास आ बैठते, वही उनका दायरा था, वही उनके साथी। वह जीवन अब उन्हें एक खोई निधि-सा प्रतीत हुआ। उन्हें लगा कि वह जिन्दगी द्वारा ठगे गये हैं। उन्होंने जो कुछ चाहा, उसमें से उन्हें एक बूँद भी न मिली।

लेटे हुए वह घर के अंदर से आते विविध स्वरों को सुनते रहे। बहू और सास की छोटी-सी झड़प, बाल्टी पर खुले नल की आवाज, रसोई के बरतनों की खटपट और उसी में दो गौरैयों का वार्तालाप—और अचानक ही उन्होंने निश्चय कर लिया कि अब घर की किसी बात में दखल न देंगे। यदि गृहस्वामी के लिये पूरे घर में

एक चारपाई की जगह यहाँ है, तो यहीं पड़े रहेंगे। अगर कहीं और डाल दी गई तो वहाँ चले जाएँगे। यदि बच्चों के जीवन में उनके लिये कहीं स्थान नहीं तो अपने ही घर में परदेसी की तरह पड़े रहेंगे...और उस दिन के बाद सचमुच गजाधर बाबू कुछ नहीं बोले। नरेंद्र माँगने आया तो बिना कारण पूछे उसे रुपये दे दिए—बसंती काफी अन्धेरा हो जाने के बाद भी पड़ोस में रही तो भी उन्होंने कुछ नहीं कहा—पर उन्हें सबसे बड़ा गम यह था कि उनकी पत्नी ने भी उनमें कुछ परिवर्तन लक्ष्य नहीं किया। वह मन-ही-मन कितना भार ढो रहे हैं, इससे वह अनजान ही बनी रहीं। बल्कि उन्हें पति के घर के मामले में हस्तक्षेप न करने के कारण शान्ति ही थी। कभी-कभी कह भी उठतीं, "ठीक ही है, आप बीच में न पड़ा कीजिए, बच्चे बड़े हो गये हैं, हमारा जो कर्तव्य था, कर रहे हैं। पढ़ा रहे हैं, शादी कर देंगे।"

गजाधर बाबू ने आहत दृष्टि से पत्नी को देखा। उन्होंने अनुभव किया कि वह पत्नी व बच्चों के लिये केवल धनोपार्जन के निमित्त मात्र हैं। जिस व्यक्ति के अस्तित्व से पत्नी माँग में सिन्दूर डालने की अधिकारिणी है, समाज में उसकी प्रतिष्ठा है, उसके सामने वह दो वक्त भोजन की थाली रख देने से सारे कर्तव्यों से छुट्टी पा जाती है। वह घी और चीनी के डिब्बों में इतनी रमी हुई है कि अब वही उसकी सम्पूर्ण दुनिया बन गयी है। गजाधर बाबू उनके जीवन के केन्द्र नहीं हो सकते, उन्हें तो अब उनकी शादी के लिए भी उत्साह बुझ गया। किसी बात में हस्तक्षेप न करने के लिए निश्चय के बाद भी उनका अस्तित्व उस वातावरण का एक भाग न बन सका। उनकी उपस्थिति उस घर में ऐसी असंगत लगने लगी थी, जैसे सजी हुई बैठक में उनकी चारपाई थी। उनकी सारी खुशी एक गहरी उदासीनता में डूब गयी।

इतने सब निश्चयों के बावजूद भी गजाधर बाबू एक दिन बीच में दखल दे बैठे। पत्नी स्वभावानुसार नौकर की शिकायत कर रही थी, "कितना कामचोर है, बाजार की हर चीज में पैसा बचाता है। खाने बैठता है तो खाता ही चला जाता है।' गजाधर बाबू को यह महसूस होता रहता था कि उनके घर का रहन-सहन और खर्च उनकी हैसियत से कहीं ज्यादा है। पत्नी की बात सुनकर लगा कि नौकर का खर्च बिलकुल बेकार है; छोटा-मोटा काम है, घर में तीन मर्द हैं, कोई-न-कोई कर ही देगा; उन्होंने उसी दिन नौकर का हिसाब कर दिया। अमर दफ्तर से आया तो नौकर को पुकारने लगा। अमर की बहू बोली, "बाबूजी ने नौकर छुड़ा दिया है।"

"क्यों?"

"कहते हैं, खर्च बहुत है।"

यह वार्तालाप बहुत सीधा-सा था, पर जिस टोन में बहू बोली, गजाधर बाबू को खटक गया। उस दिन जी भारी होने के कारण गजाधर बाबू टहलने नहीं गये थे। आलस्य में उठकर बत्ती भी नहीं जलाई—इस बात से बेखबर नरेंद्र माँ से कहने लगा, "अम्माँ, तुम बाबूजी से कहतीं क्यों नहीं? बैठे-बिठाए कुछ नहीं तो नौकर ही छुड़ा

दिया। अगर बाबूजी यह समझें कि मैं साइकिल पर गेहूँ रख आटा पिसाने जाऊँगा तो मुझसे यह नहीं होगा।" "हाँ अम्माँ"–बसंती का स्वर था, "मैं कॉलेज भी जाऊँ और लौटकर घर में झाड़ू भी लगाऊँ, यह मेरे बस की बात नहीं है।"

"बूढ़े आदमी हैं," अमर भुनभुनाया, "चुपचाप पड़े रहें, हर चीज में दखल क्यों देते हैं।" पत्नी ने बड़े व्यंग्य से कहा, "और कुछ नहीं सूझा तो तुम्हारी बहू को ही चौके में भेज दिया। वह गई तो पन्द्रह दिन का राशन पाँच दिन में बनाकर रख दिया।" बहू कुछ कहे, इससे पहले वह चौके में घुस गईं। कुछ देर में अपनी कोठरी में आईं और बिजली जलायी तो गजाधर बाबू को लेटे देख सिटपिटाईं गजाधर बाबू की मुखमुद्रा से वह उनके भावों का अनुमान न लगा सकीं। वह चुप, आँखें बन्द किए लेटे रहे।

गजाधर बाबू चिट्ठी हाथ में लिये अंदर आये और पत्नी को पुकारा। वह भीगे हाथ लिये निकलीं और आँचल से पोंछती हुई पास आ खड़ी हुईं। गजाधर बाबू ने बिना किसी भूमिका के कहा, "मुझे सेठ रामजीमल की चीनी-मिल में नौकरी मिल गयी है। खाली बैठे रहने से तो चार पैसे घर में आयें, वही अच्छा है। उन्होंने तो पहले ही कहा था।" फिर कुछ रुककर, जैसे बुझी हुई आग में एक चिनगारी चमक उठे, उन्होंने धीमे स्वर में कहा, "मैंने सोचा था कि बरसों तुम सबसे अलग रहने के बाद अवकाश पाकर परिवार के साथ रहूँगा। खैर, परसों जाना है। तुम भी चलोगी?"

"मैं?" पत्नी ने सकपकाकर कहा, "मैं चलूँगी तो यहाँ का क्या होगा? इतनी बड़ी गृहस्थी, फिर सयानी लड़की..."

बात बीच में काट गजाधर बाबू ने थके, हताश स्वर में कहा, "ठीक है, तुम यहीं रहो। मैंने तो ऐसे ही कहा था।" और गहरे मौन में डूब गये।

नरेंद्र ने बड़ी तत्परता से बिस्तर बाँधा और रिक्शा बुला लाया। गजाधर बाबू का टिन का बक्स और पतला-सा बिस्तर उस पर रख दिया गया। नाश्ते के लिये लड्डू और मठरी की डलिया हाथ में लिये गजाधर बाबू रिक्शे पर बैठ गये। एक दृष्टि उन्होंने अपने परिवार पर डाली और फिर दूसरी ओर देखने लगे और रिक्शा चल पड़ा। उनके जाने के बाद सब अंदर लौट आए। बहू ने अमर से पूछा, "सिनेमा ले चलिएगा न?" बसंती ने उछलकर कहा, "भइया, हमें भी।"

गजाधर बाबू की पत्नी सीधे चौके में चली गईं। बची हुई मठरियों को कटोरदान में रखकर अपने कमरे में लाईं और कनस्तरों के पास रख दिया फिर बाहर आकर कहा, "अरे नरेंद्र, बाबूजी की चारपाई कमरे से निकाल दे। उसमें चलने तक की जगह नहीं है।"

निर्मल वर्मा

(1929-2005)

निर्मल वर्मा (1929-2005) भारतीय मनीषा की उस उज्ज्वल परम्परा के प्रतीक-पुरुष हैं, जिनके जीवन में कर्म, चिन्तन और आस्था के बीच कोई फाँक नहीं रह जाती। कला का मर्म जीवन का सत्य बन जाता है और आस्था की चुनौती जीवन की कसौटी। ऐसा मनीषी अपने होने की कीमत देता भी है और माँगता भी। अपने जीवनकाल में गलत समझे जाना उसकी नियति है और उससे बेदाग उबर आना उसका पुरस्कार। निर्मल वर्मा के हिस्से में भी ये दोनों बखूब आये।

स्वतंत्र भारत की आरम्भिक आधी से अधिक सदी निर्मल वर्मा की लेखकीय उपस्थिति से गरिमांकित रही। वह उन थोड़े से रचनाकारों में थे जिन्होंने संवेदना की व्यक्तिगत स्पेस और जागरूक वैचारिक हस्तक्षेप के बीच एक सुन्दर सन्तुलन का आदर्श प्रस्तुत किया। उनके रचनाकार का सबसे महत्वपूर्ण दशक, साठ का दशक, चेकोस्लोवाकिया के विदेश प्रवास में बीता। अपने लेखन में उन्होंने न केवल मनुष्य के दूसरे मनुष्यों के साथ सम्बन्धों की चीर-फाड़ की, वरन् उसकी सामाजिक, राजनैतिक भूमिका क्या हो, तेजी से बदलते जाते हमारे आधुनिक समय में एक प्राचीन संस्कृति के वाहक के रूप में उसके आदर्शों की पीठिका क्या हो, इन सब प्रश्नों का भी सामना किया।

अपने जीवन काल में निर्मल वर्मा साहित्य के लगभग सभी श्रेष्ठ सम्मानों से समादृत हुये, जिनमें साहित्य अकादेमी पुरस्कार (1985), ज्ञानपीठ पुरस्कार (1999), साहित्य अकादेमी महत्तर सदस्यता (2005) उल्लेखनीय हैं। भारत के राष्ट्रपति द्वारा सर्वोच्च नागरिक सम्मान, पद्मभूषण, उन्हें सन् 2002 में दिया गया। अक्तूबर 2005 में निधन के समय निर्मल वर्मा भारत सरकार द्वारा औपचारिक रूप से नोबेल पुरस्कार के लिए नामित थे।

निर्मल वर्मा की कहानियों के प्रभाव के पीछे जीवन की गहरी समझ और कला

का कठोर अनुशासन है। निर्मल ने यथार्थ की सीमा पार करने की कोशिश की है। उन्होंने तात्कालिक वर्तमान का अतिक्रमण करना चाहा है, उन्होंने प्रचलित कहानी-कला के दायरे से भी बाहर निकलने की कोशिश की है, यहाँ तक कि शब्द की अभेद्य दीवार को लाँघकर शब्द के पहले के 'मौन जगत' में प्रवेश करने का भी प्रयास किया है ओर वहाँ जाकर प्रत्यक्ष इन्द्रिय बोध के द्वारा वस्तुओं के मूल रूप को पकड़ने का साहस दिखाया है।

कृतियाँ—वे दिन, लालटीन की छत, एक चिथड़ा सुख, रात का रिपोर्टर, अंतिम अरण्य। (उपन्यास)

—परिन्दे, जलती झाड़ी, पिछली गर्मियों में, बीच बहस में, कव्वे और काला पानी, सूखा तथा अन्य कहानियाँ (कहानी-संग्रह)।

चीड़ों पर चाँदनी, हर बारिश में, धुंध से उठती धुन (संस्मरण और डायरी)।

सितम्बर की एक शाम

फिर हवा थमी, पत्ते खामोश हो रहे और घास, जो दिन-भर काँपती रही थी, अलसायी-सी सोने लगी। दिन-भर पीली गर्म धूल हवा को झुलसाती हुई उड़ी थी। उसने कमरे की खिड़की से नालों में पत्तों को इकट्ठा होते देखा था, धूल में सने टूटे करारे पत्ते—जो सुनसान सड़कों पर पागल से भटकते रहे थे।

वह प्रतीक्षा करता रहा था—दोपहर बीत चली थी। शाम की प्रतीक्षा नहीं थी, लेकिन शाम घिर रही थी। कमरे से चाय की दुकान जाते हुए, ग्रामोफोन पर रिकॉर्ड सुने थे। वह सड़क के बीचोंबीच ठिठककर खड़ा हो गया—"व्हाई डोंट यू बिलीव मी, आई लव यू सो मच।"

फीके आकाश में जामुनी बदली घुमड़ आई। रेस्तराँ से बाहर निकलकर वह सरकारी क्वार्टरों के सामने छोटे से घास के मैदान पर लेट गया। उसे लगा कि उसके पाँव पीछे कोई निशान नहीं छोड़ गए हैं—जैसे वह अभी जन्मा है। उसकी जिन्दगी की गाँठ अतीत के किसी प्रेत से नहीं जुड़ी है, इसलिए वह मुक्त है, और घास पर लेटा है। सारी दुनिया उसकी प्रतीक्षा कर रही है कि वह उसे अर्थ दे, उसकी बाट जोह रही है—साँस रोके! और वह ज्वरग्रस्त व्यक्ति की तरह एक स्मृति, एक अजीब निरर्थक शब्द के पीछे पड़ जाता है, बार-बार उसे हेर-फेर के साथ दोहराता है—विक्षिप्त बौखलाया-सा...

"वह मुक्त है, और सारी दुनिया उसकी प्रतीक्षा कर रही है..." सितम्बर, 1955 की एक शाम—जब चारों ओर शान्ति फैली हुई थी, एक युवक, जिसकी उम्र लगभग 27 वर्ष होगी, अपने घर से बाहर निकलकर दूसरों के घरों के सामने घास पर लेटा था। वहाँ कोई उसे नहीं जानता था, किन्तु वह जानता था कि वह हिन्दुस्तान के एक शहर के कोने में घास पर लेटा है, इस शाम के लिए जीवित है और साँस ले रहा है। पिछले अनेक महीनों से, रात-दिन उस अजनबी शहर की अँधेरी पेचदार गलियों में अपनी छाया के साथ सरकता, मकानों, दुकानों और आदमियों से सटता हुआ भागता आया था, और आज अचानक वह ठिठक गया। उसने आँखें उठायीं—सारी दुनिया सामने पड़ी थी, और उसकी उम्र 27 वर्ष की थी।

उसने देखा—घास पर एक तितली उड़ रही है। सरकारी क्वार्टरों से बच्चे निकलकर मैदान में खेलने लगे—हँसते, हाँफते, सीटी बजाते हुए बच्चों के झुण्ड-के-झुण्ड आस-पास भाग रहे हैं।

सितम्बर, 1955 की शाम—आयु सत्ताईस वर्ष—एक युवक तितली को घास पर उड़ता हुआ देख रहा है। स्क्वायर के बीच लैम्प पोस्ट—मैदान के घिरते अँधेरे में लाइट हाउस-सा टिमटिमा रहा है। शान्ति की अथाह, विस्तीर्ण झील पर—लाइट हाउस का झिलमिलाता आलोक, तितलियाँ हवा में, आकाश में, शहर की सब सड़कों और गलियों में उड़ रही हैं।

केवल वह लेटा है, और प्रतीक्षा कर रहा है।

आकाश में तारे निकलने से पहले ही बादलों का झुरमुट छाने लगा—कुछ भूली-भटकी बूँदें घास पर घुलने लगीं। दिन-भर तपी गर्म सड़कों से भाप उठने लगी।

बारिश में भीगता हुआ, वह सड़कें पार करने लगा। बहुत-से आदमियों की भीड़ में वह भी एक था। उसका चेहरा दूसरे आदमियों के चेहरों से अलग था, फिर भी उनसे मिलता-जुलता था। वेश-भूषा, चाल-ढाल, आँखों का खोलना-झपकना, साँस लेना, फिर सहसा अनायास ढंग से साँस हवा में फैला देना—वह सब वही कर रहा था, जैसा साधारणतः सब लोग करते हैं। उसके व्यक्तित्व में कहीं भी कोई विशिष्टता, कोई चमत्कार नहीं था।

धरती कितनी विशाल कितनी फैली है। कितने आदमी एक जैसे, एक-दूसरे से मिलते-जुलते उस शाम शहर की सड़कों पर चल रहे हैं—बीच का फासला पार कर रहे हैं। यदि आप में से कोई उस शाम अचानक कमरे की खिड़की खोलकर बाहर झाँक लेता, तो शायद आपकी नजर भीड़ में चलते उस युवक पर कभी न पड़ती, पड़ती भी तो टिक न पाती, भीड़ के और चेहरों में खो जाती।

सत्ताईस वर्ष पुराना वह चेहरा इतना ही साधारण था। उसके सामने भी औरों की तरह बीच का फासला फैला था, और वह उसे पार कर रहा था। और तब एक अजीब घटना घटी। भीगी सड़क के एक गढ़े से एक शक्ल झाँक रही थी। कैफे की गुलाबी रोशनी में उस युवक ने अचानक अपने चेहरे का अक्स गँदले पानी के गढ़े में देखा। उसे लगा कि यह चेहरा उसके पिता की तीखी, व्यंग्यात्मक मुद्रा में मुस्करा रहा है—घर से जाओगे, अपने पाँव पर खड़े होने—जाओ। अपनी स्वतन्त्रता की पोटली बाँधकर कहाँ-कहाँ भटकते फिरोगे—जब नशा उतर जाये, तो लौट आना।

और अचानक वह हँसने लगा : इतनी बड़ी भीड़ में एक हँसता हुआ चेहरा। क्या कोई इतिहास में लिखेगा कि...सितम्बर, 1955 की शाम को सड़क पर चलती हुई भीड़ में एक चेहरा हँसा था।

उसने दरवाजा खटखटाया। वह इस समय रसोई में होगी, जहाँ वह बहुत देर में सुनेगी कि कोई बाहर अँधेरी सीढ़ियों पर खड़ा है, और दरवाजा खटखटा रहा है।

साँकल खुली है, जरा-सा धक्का देने से दरवाजा खुल जायेगा, किन्तु उसे कोई जल्दी नहीं है। उसने अपने बाल ऊपर समेट लिये हैं। कीचड़ और गँदले पानी के छींटे जो उसकी पैंट पर छिटक आये थे, उन्हें उसने अपने रूमाल से खुरच दिया। फिर उसने जबड़े को सूखे रबड़ की तरह खींचकर फैलाया—वह अब मुस्कुरा रहा है। जब वह दरवाजा खोलेगी, तो उसे इस तरह मुस्कुराता देखेगी।

दरवाजा धीरे से खुला। उसकी बहन ने देखा। वह दरवाजे की देहरी पर खड़ा मुस्कुरा रहा है। वह कुछ नहीं बोली। वह कभी कुछ नहीं बोलती। वह उसकी ओर देख रही है। उसकी आँखें...

उसकी आँखों से बचता हुआ, हल्के से उसे धकेलता हुआ, वह भीतर आया।

"इतने दिन कहाँ रहे..." वह चुपचाप उसकी ओर देख रही है।

वह खिसियाना-सा मुस्कुरा रहा है।

"जीजाजी कहाँ हैं?"

"अभी आते होंगे...बारिश में बाहर चले गये हैं।"

वह जीजाजी के कपड़ों की अलमारी खोलने के लिए मुड़ी। उसने उसका हाथ पकड़ लिया।

"अभी यह सब रहने दो," उसने कहा। वह उसका हाथ पकड़े रहा। वह उसकी ओर देखती रही।

"तुम्हें क्या हो गया है?"

"तुम क्या देखती हो?"

"एक शहर में रहते हो, अरसे बाद आते हो, और जब आते हो तब..."

"तब?"

"माँ का पत्र आया था...तुम जब से आये हो, उन्हें कोई खबर नहीं दी?"

"तुमने उन्हें कुछ लिखा..."

"क्या लिखती...मैं ही तुम्हारे बारे में कौन बहुत-कुछ जानती हूँ...मुद्दत हुई तुमने शकल नहीं दिखाई..."

"अब देख लो, बिलकुल वैसा ही हूँ।"

"क्यों तुमने अपना कमरा बदल लिया है?"

"क्यों?"

"तुम्हारे जीजाजी को भेजा था, पता चला, तुम कमरा छोड़कर कहीं और चले गये हो।"

"एक दोस्त के मकान का कमरा खाली था, फिलहाल वहीं टिका हूँ?"

उसने देखा, वह समझ गयी है, किन्तु जैसे आगे कुछ भी बोल पाना असम्भव है। वह जानती है कि कुछ भी कह ले, किन्तु रुपए की चर्चा उससे नहीं कर पायेगी। उससे वह कुछ भी ले सकेगा, इस विचार से उसके रोंगटे खड़े हो जाते हैं।

"मेरी तरफ देखो।"

उसने उसकी और देखा।

"मेरी सौगन्ध खाओ। जो मैं कहूँगी, मानोगे।"

वह निर्विकार भाव से उसकी ओर देख रहा है।

"तुम घर वापस लौट जाओ," उसके स्वर में धीमा कम्पन था।

"बच्ची, तुम इतनी बुजुर्ग कब से बन गयीं?" उसने बहुत वर्षों बाद उसके बचपन का नाम लिया था।

"बुजुर्ग तुम अपने को समझते हो, जो सबसे लड़-झगड़कर घर से भाग आये हो।"

कुर्सी पर बैठे-बैठे उसने आँखें मूँद लीं। उसके भीतर का भारीपन पिघलने लगा है, बर्फ की सिल की तरह बूँद-बूँद चू रहा है।

उसने देख, बच्ची का मुँह सफेद हो गया है, और होंठ काँप रहे हैं। उसे अजीब-सी खुशी हुई, वह किसी को तो दुख पहुँचा सकता है।

"बच्ची, क्या तुम्हें याद है, जब हम दोनों बहुत छोटे थे, तब मैं घर से नहीं भागा था। तब तुम्हारा ब्याह नहीं हुआ था, तब हम कुछ नहीं जानते थे, जब हम सब कुछ जानते थे। आज तुम सोचती हो कि मैं इससे भिन्न हो सकता था जो आज हूँ—किन्तु जो आज हूँ वह उन दिनों मेरे भीतर था, और उसे देखकर तुम नहीं डरती थीं।"

छत पर बारिश की बूँदों का टप-टप स्वर अनवरत आ रहा था। कमरे में बहुत देर तक बोझिल-सा सन्नाटा छाया रहा।

"बोलते क्यों नहीं?" वह उसके नजदीक सरक आयी।

"जैसा हूँ, क्या बहुत बुरा हूँ, बच्ची?"

"बुरे हो, अच्छे हो, तुम जानो; मैं इतना ही जानती हूँ, इस तरह नहीं जिया जाता।"

"सब अपनी जिम्मेदारी लिये जीते हैं, बच्ची, तुम यह सब कब समझोगी?"

वह उठ खड़ा हुआ। उसे लगा, वह बच्ची की आँखों से अपने को देख रहा है, मानो बच्ची की आँखें आईना हैं, जिनमें उसकी जिन्दगी के सुराख झाँक रहे हैं।

"अगर घर छोड़कर भागना था, तो इस शहर में क्यों आये, माँ की चिट्ठियाँ आती हैं; तुम्हारे जीजाजी परेशान होते हैं, मुझे कोसते हैं। बताओ, मैं क्या करूँ? जब तक यहाँ, इस शहर में रहोगे, मुझसे छुटकारा नहीं मिलेगा।"

वह उसके और निकट आ गयी, बिलकुल पास, उसके सामने।

"इतना घमंड लेकर कैसे जिओगे! तुम...तुम बहुत बड़े बन गये हो, छिः तुम्हें शर्म नहीं आती। अपनी तरफ देखो। सड़कों पर बेकार एड़ियाँ घिसने से तुममें बड़प्पन आ गया है? आया होगा, मुझे तो दिखता नहीं!"

बच्ची की आँखे उसे पिये जा रही थीं। आवेश में उसका चेहरा विकृत हो गया था।

उसने धीरे से बच्ची को पीछे धकेला। उसे लगा, उसकी टाँगें काँप रही हैं।

"बच्ची, तुम पागल हो," उसका गला रुँध आया था।

वह दरवाजे की ओर बढ़ा। अपने विश्वास पर उसकी पकड़ ढीली होती जा रही थी।

बच्ची दरवाजे को रोके खड़ी है। उसे लगा, वह उसे एक तरफ घसीटकर, धक्का देकर दरवाजा खोल दे, लेकिन उसके पाँव फर्श पर जमे रहे। एक लम्बे क्षण तक दोनों एक-दूसरे को घूरते रहे।

बच्ची काँप रही थी।

"खड़े क्यों हो? मुझे धकेलकर चोरों की तरह बाहर भाग जाओ। तुम अब बच्चे नहीं रहे, सब कुछ कर सकते हो।"

वह धीरे से उसके पास आया, उसके कन्धे पर हाथ रखा। उसे लगा वह बिलकुल शान्त है, जैसे एक गहरी अथाह शून्यता के भँवर में उसने अपना सिर डुबो दिया है।

"घर वापस जाने के लिए कहती हो, लौट जाऊँगा।"

वह बहुत धीमे से मुसकुराया। बच्ची की निरीह, मूक आँखें उसे देख रही हैं। वह पूरी चेष्टा से बराबर वैसे ही मुस्कुराता रहा।

बच्ची ने चुपचाच अपने आँचल से दो नोट निकाले—"लो।"

"किसलिए?"

"रेल का किराया...।"

वह चुपचाप बच्ची को देखता रहा।

"यह लोगे, तो मै समझूँगी तुम झूठ नहीं बोले हो।"

उसने विरोध नहीं किया।

सहसा बच्ची उसके दोनों कन्धों पर हाथ रखकर रोने लगी।

"तुम्हारे आगे सारी जिन्दगी पड़ी है, कब तक अपने को ऐसे घसीटोगे?"

बच्ची उसके कन्धों पर सिर रखकर धीरे-धीरे सिसक रही है। वह कुछ नहीं कहता। उसने चाहा कि रूमाल से उसके आँसू पोंछ दे, फिर याद आया कि उसका रूमाल पसीने और गर्द से गन्दा है, इसलिए वह चुपचाप खड़ा रहा। बच्ची धीरे-धीरे रोती रही।

बाहर बारिश रुक चली थी, और बादलों के पीछे से नये, धुले हुए चमचमाते तारे झाँकने लगे थे।

वही चेहरा एक पुराने आईने से उसकी ओर झाँक रहा है। आईने पर, दीवार पर कत्थे और सस्ती लिपस्टिक के अधमिटे धब्बे बिखरे पड़े हैं। पलँग के सामने नंगी दीवार पर फिल्म-स्टार का कैलेंडर लटका है, जिस पर एक बड़ी चाभी झूल रही है। उस तंग कमरे में एक ही खिड़की है, जो न जाने कब से बन्द है। उसी से सटे

हुए बिस्तर से वह उन दोनों शरीरों को देख रहा है, जिनमें से एक उसका है।

"बच्ची, तुमने कभी सत्ताईस वर्ष के युवक के इस चेहरे को देखा है? देखो, इधर देखो। बीते हुए वर्षों के अनगिनत क्षणों, अकस्मात अनजानी घटनाओं के विचित्र पुंज से यह रात जन्मी है।" उसने उन दोनों नोटों को छुआ, जो बच्ची ने दिये थे। उसे लगा, वह उस दुनिया को छू रहा है, जो अरसा हुआ पीछे छूट गये है, इसलिए मर गये है। इसलिए वह कहाँ पीछे लौटे, इसलिए वह इस रात यहाँ...इस अँधेरे कमरे में लेटा है... जी रहा है...।

नीचे गली में दो शराबी जोर-जोर से गालियाँ देते हुए चिल्लाने लगे हैं। गली के कुत्ते उन पर बराबर भौंकते जा रहे हैं। ऊपर कोठे की छत की नाली से बारिश के गँदले पानी की मोटी मटियाली धार गली की कच्ची जमीन पर गिर रही है।

उन दोनों में से कोई जरा भी हिलता है, तो नीचे धँसती हुई चारपाई कराहने लगती है। नींद और नशे की खुमारी में बड़बड़ाती हुई वह उसके शरीर से सटी जा रही है...

उनके बीच की स्तब्ध हवा दोनों की साँसों से सिकुड़ती, काँपती रही। पास गली के सिनेमा-हाउस के नाम के बड़े-बड़े अक्षर लाल-नीली रोशनी में कभी जलते हैं, कभी बुझते हैं। बन्द खिड़की से इस रोशनी की एक महीन आलोक-रेखा अँधेरी दीवार पर लटके हुए कैलेंडर की तारीखों पर पड़ती है। लाल-नीली रोशनियों के दायरों में उस रात की तारीख भी एक क्षण के लिए जलती है, और फिर एक क्षण के लिए अँधेरे में घुल जाती है...

वह सितम्बर, 1955 की रात थी।

एक रात जब चारों ओर शान्ति का रुपहला, स्निग्ध अन्धकार नीली निस्तब्ध झील-सा फैला था, और चुपचाप प्रतीक्षा कर रहा था... क्या कोई कभी जानेगा?

जीने का एक झिलमिल क्षण, जिसकी कोई अनुभूति नहीं, कोई परिणति नहीं। मुक्ति की उत्कट प्यास, जो सब नैतिक मान्यताओं को तोड़ती हुई, इन दीवारों के परे, समूची पृथ्वी की असीम व्यापकता को इस अँधेरे क्षण में समेट रही है, धूप, हवा पिघलते-फैलते आलोक में, पिघलती-मिटती छायाओं में, सब गलियों, चौराहों पर, जहाँ उसकी तृषार्त स्तब्ध आँखें सदियों से विस्मित खुली हैं।

यह रात--एक अरसे बाद यह रात भी एक अधमिटी अधूरी स्मृति के कुहासे में घुल जायेगी। रह जायेगा केवल वह—उसके आकारहीन, अर्थ खोजते हुए अस्तित्व की परिधि को अनुप्राणित करता एक अस्पष्ट धुँधला-सा दर्द—जो किसी दुख, किसी चाह से उत्पन्न नहीं हुआ, जो उसके जीने की क्रिया के साथ जुड़ा है, हमेशा से उसके संग है, जब से वह साँस ले रहा है...छाया-सा भटकता, उड़ता, उसके संग जीता हुआ।

उसे लगा, इस क्षण वह जी रहा है, अपने समूचे अस्तित्व की मिट्टी अपनी

मुट्ठी में दबोचे है—घास पर उड़ती हुई तितली को देख रहा है। उसके चारों ओर घनी नीरव शान्ति घिर रही है।

वह कमरे से बाहर आया। अँधेरे में वह चेहरा नहीं दिखाई देता, जिसके साथ उसने रात बितायी है। उसने दोनों नोट जेब से निकाले, और धीरे से उसके हाथों में दबा दिये...कुछ देर वहीं ठिठका रहा, किन्तु चाहने पर भी कुछ नहीं बोल सका।

बारिश कब की रुक चुकी थी, लेकिन दूर-दूर तक लैम्प पोस्ट के नीचे गँदले पानी के गढ़े में उसने अपने चेहरे की छाया देखी—वह कुछ देर तक अपलक उस चेहरे को देखता रहा जो उसका अपना था।

"तुम्हारे आगे सारी जिन्दगी पड़ी है!" बच्ची ने कहा था।

कमलेश्वर

(1932-2007)

जन्म–6 जनवरी, 1932 मैनपुरी (उ. प्र.) में। नई कहानी के सशक्त कहानीकार, जो कस्बाई जीवन को उसके विविध आयामों में व्यक्त करने के लिए प्रसिद्ध हैं। कहानियों के अतिरिक्त कई उपन्यास, यात्रावृत्त प्रकाशित। अनेक फिल्मों के पटकथा-लेखक। इनकी रचनाओं का प्रधान स्वर मानवीयता का है।

'नई कहानी' आन्दोलन की अगुवाई करने वाले कमलेश्वर ने हिन्दी कहानी को नई ऊँचाइयों तक ला खड़ा किया। उनकी कहानियों में समय की उपस्थिति को बड़ी शिद्दत के साथ महसूस किया जा सकता है। आज़ादी के बाद की स्थितियों में हालाँकि बहुत परिवर्तन नहीं आया था, मगर समाज नये और पुराने मूल्यों के संघर्ष और अन्तर्द्वन्द्व से लगातार जूझ रहा था। इसलिए उनकी क़हानियों को समझना है तो उनके जीवन संदर्भों के साथ-साथ उस समय की राजनीतिक तथा सामाजिक घटनाओं को भी समझना होगा। कमलेश्वर के लेखन की सबसे बड़ी उपलब्धि यह है कि उनका जीवन दर्शन प्रभावरोपित नहीं, उनके अपने अनुभवों से बने व्यक्तित्व का सहज प्रोजेक्शन है।

सृजन–राजा निरबंसिया, क़स्बा का आदमी, बयान, जार्ज पंचम की नाक, खोई हुई दिशाएँ, माँस का दरिया, इतने अच्छे दिन, कोहरा, रावल की रेल, समग्र कहानियाँ, आज़ादी मुबारक (कहानी संग्रह)।

एक सड़क सतावन गलियाँ, लौटे हुए मुसाफ़िर, तीसरा आदमी, समुद्र में खोया हुआ आदमी, काली आँधी, आगामी अतीत, रेगिस्तान वही बात, सुबह दोपहर शाम, डाकबंगला, कितने पाकिस्तान (उपन्यास)।

नई कहानी की भूमिका, मेरा पन्ना (आलोचना), घटनाचक्र, सिलसिला थमता नहीं, बंधक नहीं, बंधक लोकतंत्र और ये दस्तक देते सवाल (चिन्तन)। कश्मीर रात

के बाद, देश देशांतर (यात्रा-विवरण)।

जो मैंने जिया, यादों के चिराग, जलती हुई नदी (आत्मकथा)।

पत्रकारिता–इंगित, नई कहानियाँ, सारिका, श्रीवर्षा, कथायात्रा, गंगा, दैनिक जागरण और दैनिक भास्कर का संपादन।

सम्मान–साहित्य अकादेमी पुरस्कार, शलाका सम्मान आदि कई पुरस्कार से सम्मानित।

दुख भरी दुनिया

एक बेहद उदास शहर मेरी आँखों के सामने उभर रहा है। उस शहर की वीरानी में से सिसकियों की आवाज हवा पर तैरती हुई आ रही है। मैं नहीं जानता, यह शहर कौन-सा है, मेरे देश का है या विदेश का। कोई बच्चा सिसक रहा है। एक माँ है जो दूध का प्याला लिए बैठी है और बच्चे का बाप नींद में डूबा हुआ है।

उस अनजान शहर की सड़कों पर बारिश का पानी बह रहा है। और रात सर्द है। बिजली के बल्बों के चारों ओर कुहासा भरा हुआ है। चूल्हे ठण्डे पड़े हैं। चिमनियों में धुआँ नहीं है। रात का सन्नाटा छाया हुआ है।

पता नहीं यह कौन-सा शहर है। इस शहर में एक स्कूल भी है, रेलवे स्टेशन भी और अस्पताल भी। लेकिन चारों तरफ ख़ामोशी है। लगता है, रात की साँस उखड़ गई है। अस्पताल से मरीजों के कराहने की आवाजें नहीं आ रही हैं। बारिश में भीगते स्टेशन पर कोई गाड़ी भी आकर नहीं रुकी है। स्कूल में पढ़ने वाले बच्चे अपने घरों में इधर-उधर लेटे सो रहे हैं। सबके बाप नींद में डूबे हुए हैं...

पता नहीं कौन-सा बच्चा सोते-सोते सिसक रहा है।

कौन-सी माँ है जो दूध का प्याला लिए बैठी है।

बस, एक सिसकी उभरकर आ रही है...

और बाप के सिरहाने तमाम फाइलें बिखरी हुई हैं, लाल-नीली पेन्सिलें पड़ी हैं। और लाइनें खींचने का एक रूल फाइलों के नीचे से झाँक रहा है।

धीरे-धीरे यह पूरा माहौल थरथराते पानी की तरह काँपता है और मेरी आँखों के सामने से सब-कुछ ओझल हो जाता है। एक क्षण बाद ही साफ-सी तस्वीर सामने आती है...

यह भी एक बेहद उदास शहर है। इसे मैं पहचानता हूँ, यह मेरे देश का शहर है। इस शहर में मैं रह चुका हूँ। इसमें स्कूल, रेलवे-स्टेशन और अस्पताल भी हैं।

इसी शहर के एक मुहल्ले में एक गली है। उस गली में एक मकान है और अब मुझे लगता है कि यह सिसकी उसी मकान से आ रही है।

सर्दी की भीगती हुई रात है, घण्टाघर ने अभी-अभी दो का घण्टा खड़काया है।

बिहारी बाबू नींद में डूबे हुए हैं।

वे बिजली-कम्पनी में क्लर्क हैं। उनके सिरहाने कई फाइलें पड़ी हैं। लाल-नीली पेन्सिलें भी हैं और लाइनें खींचने वाला रूल फाइलों के बीच से झाँक रहा है... उनकी बीवी अभी सोयी नहीं है। वह छोटे दीपू के सिरहाने दूध का एक प्याला लिए बैठी है और दीपू सोते-सोते सिसक रहा है–

इसी सर्द रात में से पिछली शाम उभर आती है।

अभी अँधेरा हुआ ही है।

बिहारी बाबू पुकारते हैं, "दीपू ! किताबें लाओ।"

और आठ बरस का दीपू एकदम घबरा उठता है। उसकी समझ में नही आता कि क्या करे, क्या न करे। शाम चार बजे उसने स्कूल से आकर बस्ता पटका था, अब पता नहीं कहाँ चला गया।

अलमारी में बस्ता तो है पर किताबें नहीं हैं... तख्त के नीचे झाँकता है, बक्सों के पीछे हाथ डालता है, बिस्तरों के ढेर में एक-एक गद्दा उलटाकर देखता है, पर किताबें नहीं मिलतीं।

"दीपू, क्या कर रहा है कामचोर?" बिहारी बाबू की आवाज फिर गूँजती है। दीपू की कनपटियाँ झनझनाने लगती हैं, वहीं से आवाज देता है, "अभी आया बाबू जी!"

जैसे ही बिहारी बाबू की आवाज सुनाई पड़ती है, घर में सन्नाटा छा जाता है। बाकी तीनों बच्चे अपनी बारी का इंतजार करने लगते हैं। पता नहीं कब पुकार पड़ जाए। खेलना बन्द हो जाता है। रसोई में काम करती विमला का दिल धड़कने लगता है।

जैसे-तैसे दीपू अपनी किताबें जमा करके सामने पहुँचता है और पढ़ाई शुरू होती है।

बिहारी बाबू लाइनें खींचना रोककर दीपू की तरफ देखते हैं और पूछते हैं, "हिसाब का टेस्ट हो गया?"

"हाँ।"

"कितने सवाल सही किए?"

"पाँच में से तीन!" डरते-डरते दीपू कहता है और उसका मुँह उतरता जाता है। गले में आये हुए शब्द अटकने लगते हैं।

"क्यों, दो क्यों गलत हुए?" बिहारी बाबू की आवाज कुछ सख्त हो जाती है।

दीपू का गला बुरी तरह सूख जाता है। उसकी भोली आँखों में पानी तैर आता है। वह बोल नहीं पाता।

"बोलता क्यों नहीं?" बिहारी बाबू कड़ककर कहते हैं और दीपू के कान पर उनका हाथ जाता है। दीपू मुँह भींचकर कान पर जलते हुए अँगार को बरदाश्त करता है। उसकी गरदन मुड़ती जाती है और नसें झलकती आती हैं। मुलायम, रोएँदार कनपटियाँ नाड़ी की तरह टपकने लगती हैं। मासूम गालों से खून की लाली निचुड़-सी जाती है।

"क्रापी दिखलाओ!" बिहारी बाबू कहते हैं।

बाएँ हाथ से अपना कान सहलाते हुए दीपू दाहिने से कापी से पन्ने पलटता है और गलत सवाल देखकर बिहारी बाबू आँखें निकालकर पूछते हैं, "यह सवाल क्यों गलत हुआ? क्यों गलत हुआ?"

दीपू के पास कोई जवाब नहीं है।

किसी के पास कोई जवाब नहीं है।

विमला रसोईघर से निकलकर दरवाजे के पास ठिठक जाती है और बाप-बेटे को देखती है, दुनिया की मार से पिटा हुआ एक बाप और बाप की मार से काँपता हुआ एक बेटा।

"हिसाब नहीं पढ़ेगा तो जूतियाँ गाँठेगा !" बिहारी बाबू की आवाज कमरे में गूँजती है। "क्या करता रहा यह शाम से?" बिहारी विमला से पूछते हैं।

"यही कुछ लिख रहा था," विमला बचाव करती है।

"ड्राइंग बना रहा होगा, क्यों?" बिहारी बाबू जलती आँखों से दीपू को ताकते हैं।

पता नहीं क्यों इतनी चिढ़ है बिहारी बाबू को ड्राइंग से। उनकी आँखों में बिजली कम्पनी के इंजीनियर बसे हुए हैं, जो उनके अफसर हैं, जो कारों में आते-जाते हैं, जिनके नौकर दोपहर का खाना लेकर आते हैं, जिनकी बीवियाँ उन्हें सुबह दफ्तर छोड़ने और शाम को लेने आती हैं।...

और एक वे हैं कि सुबह आठ बजे खाने का डिब्बा लेकर कम्पनी की ओर चल देते हैं और शाम सात बजे फाइलों का पुलिन्दा दबाकर लौटते हैं। कभी जब वे अच्छे मूड में थे तो उन्होंने विमला से कहा था, "विमला, मैं चाहता हूँ कि दीपू इंजीनियर बने। घर का एक लड़का भी इंजीनियर बन गया तो घर सुधर जाएगा। जिन्दगी बदल जाएगी। मेरे बेटे मेरी तरह ही बदनसीबी के शिकार हों, यह मैं नहीं चाहता, विमला!"

"अपना दीपू पढ़ने में तेज है" विमला ने गर्व से कहा था और अपनी फटी हुई साड़ी का आँचल कमर में खोंस लिया था। फिर बहुत धीरे से कहा था, "बच्चों के लिए रजाई नहीं है, जाड़े सिर पर हैं..."

"अब इस महीने में तो मुश्किल है, एक अगले में बनवा लेना और दूसरी दूसरे महीने में," बिहारी बाबू ने खर्चे का हिसाब लगाकर कहा था और रोज-ब-रोज चीजों की जरूरतों और उन्हें इकट्ठा करने के बीच उन्हें हर क्षण यही लगता था कि इस दुख-भरी दुनिया से उबरने का एक ही रास्ता है, दीपू का इंजीनियर बनना, इसलिए कि उस पेशे में इज्जत है, पैसा है, जिन्दगी के आराम हैं...

और रात में एक ही रजाई में सबको दुबकाकर जब विमला लेटती है तो दीपू उससे पूछता है, "माँ, फिर उस परी का क्या हुआ? राजकुमार कहाँ चला गया?"

तो विमला उसके बालों में अँगुलियाँ फिराते हुए बताती है, "आसमान के उस पार एक देश है—नीलम देश—परियाँ वहाँ रहती हैं। वे परियाँ अपने पंख फैलाकर

नीलम देश में चली गई...राजकुमार भी वहीं पहुँच गया..."

"हूँ, दीपू हुंकारी भरता है, "नीलम देश कैसा है, माँ? वहाँ चिड़ियाँ हैं न... और फूल, माँ?"

"बहुत सुन्दर है नीलम देश!" विमला प्यार से कहानी सुनाती जाती है और दीपू उनींदी आँखों से आसमान के पार वाले नीलम देश की कल्पना करता-करता सो जाता है।

सुबह चारों बच्चे जागकर एक रजाई में कुलबुलाते रहते हैं। एक-एक कोना पकड़कर खींचते हैं। रात की बची हुई मूँगफलियों को झपट-झपटकर फिर अपनी जेबों में भर लेते हैं। और फिर एक-एक कर ठिठुरते हुए हाथ-मुँह धोने के लिए निकलते हैं। दीपू के कानों की लवें नीली होती हैं, नाक नीली पड़ जाती है और सर्द ईंटों में फर्श पर वह पंजों के बल दौड़ता हुआ नल की पटीया पर पँहुचता है। खुली बाँहों के रोम उभर आते हैं—सर्दी की लहर से उसका शरीर रह-रहकर काँपता है। किसी तरह मुँह पर पानी चुपड़कर वह चूल्हे की ओर भागता है और घुटनों में दोनों हाथ दबाकर आग के सामने बैठ जाता है।

विमला तब चाय बनाती है।

चारों बच्चे चूल्हे के आस-पास जमा हो जाते हैं और छोटे-बड़े प्यालों में से सबसे बड़ा प्याला कभी किसी के हाथ आता है, कभी किसी के। फिर माँ से ऊपर तक प्याले भरने की जिद होती है—दूध पर पड़ी झिल्ली-सी मलाई के लिए चीख-पुकार मचती है।

चूल्हे का धुआँ बच्चों की आँखो में लगता है तो मींज-मींजकर आँखे लाल कर लेते हैं, पर हटता कोई नहीं। विमला भूने हूए आलू या शकरकन्द निकालती है तो हंगामा मच जाता है और कमरे से बिहारी बाबू की कड़कती हुई आवाज आती है। उस आवाज से सन्नाटा छा जाता है।

जब तक विमला बिहारी बाबू के लिए दोपहर का खाना बनाती है, बच्चे ललाए-से देखते रहते हैं। लम्बी साँस खींच-खींचकर भुनती हुई सब्जी की गन्ध पर चटखारे भरते हैं, पर चुपचाप बैठे रहते हैं। उन्हें मालूम है कि यह खाना बाबूजी का है। जब बाबूजी अपना डिब्बा लेकर चले जाएँगे तब उनका नम्बर आएगा। बड़े धीरज से सब बैठे रहते हैं।

चूल्हे की लौ से उनके मुलायम पर शैतानी-भरे चेहरे दमकते रहते हैं।

बिहारी बाबू के जाते ही विमला दीपू को तैयार करती है और वह ठुनकता है, "हमारे पास रंग का डिब्बा नहीं है, कापी नहीं है, हमें बड़ी पेन्सिल चाहिए, माँ!" तब विमला उसे समझाती है और फुसलाकर स्कूल रवाना कर देती है। अपने बस्ते में अखबार के टुकड़े में लपेटकर वह नाश्ता रखता है और किरमिच के जूते पहनकर निकल पड़ता है।

स्कूल जाने की कोई जल्दी उसे नहीं होती। वह रोज-रोज अचरज-भरी आँखों से दुकानों की चीजों को देखता है। शीशे की अलमारियों के पास रुककर वह हर चीज को गौर से देखता है। रंगीन कपड़ों को...खेल के समान को...होटल में आते-जाते लोगों को और सिनेमा के पोस्टरों को...

फिर बस आ जाती है और वह उसमें लटक जाता है। कण्डक्टर उसे पहचानता है। बड़े प्यार से वह रोज कहता है, “आ गए दीपू!” और दीपू अपना पास निकालकर खुद ही पेन्सिल से तारीख काट लेता है। कण्डक्टर का पैसा रखने वाला चमड़े का बैग उसे बहुत अच्छा लगता है और वह पीतल का बिल्ला भी जो वह अपने ऊनी कोट पर लगाए रहता है।

बस से वह रोज उसी रास्ते को देखता है—छोटी-सी दुनिया भी बड़ी मोहक लगती है उसे, क्योंकि वह उस एक सड़क की दुनिया से भी अभी बहुत दूर है। वह उन चमचमाती दुकानों में कभी नहीं गया है। परदेदार घरों के भीतर उसने अभी नहीं झाँका है... जब कोई कार सर्र से बस के आगे निकल जाती है तो उसे बड़ा मजा आता है और दूर तक जाती हुई कार को वह ताकता रहता है। बँगलों में खिले हुए फूल देखकर उसका जी ललचा जाता है...

एक दिन वह स्कूल के माली की आँख बचाकर एक गुलदावदी का पौधा चुरा लाया था। घर आते ही उसने बड़े जतन से उस पौधे को रोप कर पानी दिया था और माँ की कलछी से क्यारी बना दी थी। शाम तक कई बार उसने जा-जाकर पौधे को देखा और माँ को बताया था, “माँ, इसमें इत्ता बड़ा फूल आएगा!...बहुत बढ़िया!.. .. कल हम और पौधे लाएँगे!... और जब उसमें फूल आ जाएँगे तो तितलियाँ आया करेंगी। है न माँ?...”

और तब शाम का अँधेरा हो ही रहा था।

बिहारी बाबू की आवाज सुनाई पड़ी, “दीपू! किताबें लाओ।”

वह खुद अपनी फाइलें फैलाए बैठे थे ओर उनकी आँखों के सामने अपने अफसरों के चेहरे घूम रहे थे।

और फिर, “दो क्यों गलत हुए?” पहले हाथ दीपू के कान पर गया था और अगला सवाल था, “पहाड़ा याद है?”

“हाँ,” दीपू ने सुखे गले से कहा था।

‘‘अठारह सत्ते? ...बोल अठारह सत्ते? ...बोल!’’

“अठारह सत्ते...” दीपू के होश-हवास गुम हो रहे थे। आँखों के सामने अँधेरा छा रहा था, “अठारह सत्ते एक सौ...एक सौ...

और तभी एक जोर का तमाचा उसकी कनपटी पर पड़ा था, ‘‘अठारह सत्ते... बोल!’’

उसकी गरदन की नसें निकल आयी थीं! गाल पर अँगुलियों के निशान उभर

आए थे।

"हाथ आगे कर!... हाथ आगे कर! बिहारी बाबू चीख रहे थे। और दीपू अपने छोटे-छोटे स्याही-रँगे और धूल-भरे हाथ आगे करता जा रहा था और रूलें पड़ती जा रही थीं। आँखों से आँसू ढरक रहे थे।

"चुप!... आवाज न निकले! आवाज निकली तो सिर तोड़ दूँगा!...चुप!"

उसके होंठ फड़फड़ा रहे थे। हथेलियाँ थरथरा रही थीं और सिसकियाँ रुक नहीं पा रही थीं।

"अठारह सत्ते?...बोल!" और आठ-दस थप्पड़ और पड़ गए।

धरती घूम गई और दीपू बेहाल होकर गिर पड़ा। दरवाज़े की चौखट से लगी विमला दौड़कर आई और जैसे-तैसे दीपू को उठा ले गई, "अब क्या मार ही डालोगे?"

"मरे तो मर जाए?" बिहारी बाबू चीख पड़े, "कोई उम्मीद न रह जाए तो अच्छा है!"

उस रात सर्दी बहुत थी। बारिश होने लगी थी। विमला रजाई में दीपू को दुबकाकर लेट रही थी। दीपू बिना खाए ही सो गया था। सोते-सोते सिसकियाँ आती रही थीं। सन्नाटा घर को लपेटे हुए था। रात दो बजे विमला की आँखे खुलीं तो दीपू सोते-सोते कभी-कभी सिसक उठता था। भूखा सो गया था। वह एक प्याला दूध गरम करके लाई और बड़े दुलार से उसने दीपू को जगाना चाहा...

बाहर बारिश हो रही थी। हवा की सनसनाहट से खामोशी और भी भयानक लग रही थी। दीपू नींद में गहरी साँसें ले रहा था, और बच्चों पर रजाई ठीक करके उसने फिर प्यार से पुकारा, "दीपू, दीपू बेटे!"

दीपू कुलबुलाया। विमला ने उसे उठाकर दीवार के सहारे टिका लिया। उसकी नींद नहीं टूटी थी। विमला ने फिर उसे धीरे से हिलाया, "दीपू, दूध पी ले।"

और नींद में दीपू बुदबदाने लगा, "अठारह छक्के एक सौ आठ...अठारह सत्ते ...अठारह सत्ते..." और सिसकी लेकर फिर से रो पड़ा।

और अब सिर्फ एक सिसकी की आवाज सुनाई पड़ती है। पता नहीं, किस देश के किस शहर की किस गली से यह आवाज आ रही है...

रात सर्द है और बारिश हो रही है।

एक बेहद उदास शहर है। उस शहर में स्कूल है, रेलवे स्टेशन है, और अस्पताल भी है। माँ दूध का प्याला लिए बैठी है, और बाप फाइलें सिरहाने रखे सो रहा है।

भीष्म साहनी

(1915-2003)

जन्म : 8 अगस्त, 1915, रावल पिंडी (पाकिस्तान) में।

शिक्षा : हिन्दी-संस्कृत की प्रारम्भिक शिक्षा घर में। स्कूल में उर्दू और अंग्रेजी। गवर्नमेंट कॉलेज, लौहार, से अंग्रेजी साहित्य में एम. ए., फिर पंजाब विश्वविद्यालय से पी.एच.डी.।

बँटवारे से पूर्व थोड़ा व्यापार, साथ ही साथ मानद (ऑनरेरी) अध्यापन। बँटवारे के बाद पत्रकारिता, इप्टा नाटक मंडली में काम, मुम्बई में बेकारी। फिर अम्बाला में एक कॉलेज में तथा खालसा कॉलेज, अमृतसर, में अध्यापन। तत्पश्चात स्थायी रूप से दिल्ली विश्वविद्यालय के जाकिर हुसैन कॉलेज में साहित्य का प्राध्यापन। इस बीच लगभग सात वर्ष 'विदेशी भाषा प्रकाशन गृह' मॉस्को, में अनुवादक के रूप में कार्य। अपने इस प्रवासकाल में उन्होंने रूसी भाषा का यथेष्ट अध्ययन और लगभग दो दर्जन रूसी पुस्तकों का अनुवाद किया।

करीब ढाई साल 'नई कहानियाँ' का सौजन्य-सम्पादन। प्रगतिशील लेखक संघ तथा अफ्रो-एशियाई लेखक संघ से भी सम्बद्ध रहे।

प्रकाशित पुस्तकें : भाग्यरेखा, पहला पाठ, भटकती राख, पटरियाँ, वाङ्चू, शोभायात्रा, निशाचर, पाली, डायन (कहानी-संग्रह); झरोखे, कड़ियाँ, तमस बसंती, मय्यादास की माड़ी, कुंतो, नीलू नीलिमा नीलोफ़र (उपन्यास); माधवी, हानूश, कबिरा खड़ा बाजार में, मुआवजे (नाटक); आज के अतीत (आत्मकथा); गुलेल का खेल (बालापयोगी कहानियाँ)।

सम्मान : तमस के लिए साहित्य अकादमी पुरस्कार तथा हिन्दी अकादमी, दिल्ली का शलाका सम्मान। साहित्य अकादमी की महत्तर सदस्यता।

निधन : 11 जुलाई, 2003।

चीफ़ की दावत

आज मिस्टर शामनाथ के घर चीफ की दावत थी। शामनाथ और उनकी धर्मपत्नी को पसीना पोंछने से फुर्सत न थी। पत्नी ड्रेसिंग गाउन पहने, उलझे हुए बालों का जूड़ा बनाये, मुँह पर फैली हुई सुर्खी और पाउडर को मले और मिस्टर शामनाथ सिगरेट-पर-सिगरेट फूँकते हुए, चीजों की फेहरिस्त हाथ में थामे एक कमरे से दूसरे कमरे में आ-जा रहे थे।

आखिर पाँच बजते-बजते तैयारी मुकम्मल होने लगी। कुर्सियाँ, मेज, तिपाइयाँ, नैपकिन, फूल—सब बरामदे में पहुँच गए। ड्रिंक का इन्तजाम बैठक में कर दिया गया। अब घर का फालतू सामान अलमारियों के पीछे और पलंग के नीचे छुपाया जाने लगा। तभी शामनाथ के सामने सहसा अड़चन खड़ी हो गई—माँ का क्या होगा?

इस बात की ओर न उनका और उनकी कुशल गृहिणी का ध्यान गया था। मिस्टर शामनाथ श्रीमती की ओर घूमकर अंग्रेजी में बोले, "माँ का क्या होगा?" श्रीमती काम करते-करते ठहर गईं, और थोड़ी देर तक सोचने के बाद बोलीं, "इन्हें पिछवाड़े इनकी सहेली के घर भेज दो। रातभर बेशक वहीं रहें, कल आ जाएँ।"

शामनाथ सिगरेट मुँह में रखे, सिकुड़ी आँखों से श्रीमती के चेहरे की ओर देखते हुए पलभर सोचते रहे, फिर सिर हिलाकर बोले, "नहीं, मैं नहीं चाहता कि उस बुढ़िया का आना-जाना यहाँ फिर से शुरू हो। पहले ही बड़ी मुश्किल से बन्द किया था। माँ से कहें कि जल्दी ही खाकर शाम को ही अपनी कोठरी में चली जाएँ। मेहमान कहीं आठ बजे आएँगे। इससे पहले ही अपने काम से निपट लें।"

सुझाव ठीक था। दोनों को पसन्द आया। मगर फिर सहसा श्रीमती बोल उठीं, "जो वह सो गईं और नींद में खर्राटे लेने लगीं, तो? साथ ही तो बरामदा है, जहाँ लोग खाना खाएँगे।"

"तो इन्हें कह देंगे कि अन्दर से दरवाजा बन्द कर लें। मैं बाहर से ताला लगा दूँगा या माँ को कह देता हूँ कि अंदर जाकर सोएँ नहीं, बैठी रहें और क्या?"

"और जो सो गईं तो? डिनर का क्या मालूम कब तक चले। ग्यारह-बारह बजे

तक तो तुम लोग ड्रिंक ही करते रहते हो।"

शामनाथ कुछ खीझ उठे, हाथ झटकते हुए बोले, "अच्छी भली यह भाई के पास जा रही थी। तुमने यूँ ही खुद अच्छा बनने के लिए बीच में टाँग अड़ा दी।"

"वाह! तुम माँ और बेटे की बातों में मैं क्यों बुरी बनूँ? तुम जानो और वह जानें।"

मिस्टर शामनाथ चुप रहे। मौका बहस का नहीं था। समस्या का हल ढूँढ़ने का था। उन्होंने घूमकर माँ की कोठरी की ओर देखा। कोठरी का दरवाजा बरामदे में खुलता था। बरामदे की ओर देखते हुए झट-से बोले, "मैंने सोच लिया है" और उन्हीं कदमों माँ की कोठरी के बाहर जा खड़े हुए। माँ दीवार के साथ एक चौकी पर बैठी थीं, दुपट्टे में मुँह लपेटे माला जप रही थीं।

सुबह तैयारी होती देखते हुए माँ का भी दिल धड़क रहा था। बेटे के दफ्तर का बड़ा साहब घर आ रहा है, सारा काम सुभीते से चल जाय।

"माँ, आज तुम खाना जल्दी खा लेना। मेहमान लोग साढ़े सात बजे आ जाएँगे।"

माँ ने धीरे-से मुँह पर का दुपट्टा हटाया और बेटे को देखते हुए कहा, "आज मुझे खाना नहीं खाना है बेटा। तुम जानते हो, माँस-मछली बने तो मैं कुछ नहीं खाती।"

"जैसा भी हो, अपने काम से जल्दी निपट लेना।"

"अच्छा बेटा।"

"और माँ, हम लोग पहले बैठक में बैठेंगे। उतनी देर तुम यहाँ बरामदे में बैठना। फिर जब हम यहाँ आ जाएँ, तो तुम गुसलखाने के रास्ते बैठक में चली जाना।"

माँ अवाक् बेटे का चेहरा देखने लगी। फिर धीरे से बोली, "अच्छा बेटा।"

"और माँ, आज जल्दी सो नहीं जाना। तुम्हारे खर्राटों की आवाज दूर तक जाती है।"

माँ लज्जित-सी आवाज में बोली, "क्या करूँ बेटा मेरे बस की बात नहीं है, जब से बीमारी से उठी हूँ, नाक से साँस नहीं ले सकती।"

मिस्टर शामनाथ ने इंतजाम तो कर दिया फिर भी उनकी उधेड़-बुन खत्म नहीं हुई। जो चीफ अचानक इधर आ निकला तो? आठ-दस मेहमान होंगे, देसी अफसर और उनकी स्त्रियाँ होंगी। कोई भी गुसलखाने की तरफ जा सकता है। क्षोभ और क्रोध में वह सिर झुंझलाने लगे। एक कुर्सी को उठाकर बरामदे में कोठरी के बाहर रखते हुए बोले, "आओ माँ, इस पर जरा बैठो तो।"

माँ माला सम्भालती, पल्ला ठीक करती हुई उठी, और धीरे-से कुर्सी पर आकर बैठ गई।

"यूँ नहीं माँ, टाँगें ऊपर चढ़ाकर नहीं बैठते। यह खाट नहीं है।"

माँ ने टाँगें नीचे उतार लीं।

"और खुदा के वास्ते नंगे पाँव नहीं घूमना, न ही वह खड़ाऊँ पहनकर सामने आना। किसी दिन तुम्हारी वह खड़ाऊँ उठाकर मैं बाहर फेंक दूँगा।"

माँ चुप रहीं।

"कपड़े कौन से पहनोगी, माँ?"

"जो हैं, वही पहनूँगी, बेटा! जो कहो पहन लूँ।

मिस्टर शामनाथ सिगरेट मुँह में रखे फिर अधखुली आँखों से माँ की ओर देखने लगे और माँ के कपड़ों की सोचने लगे। शामनाथ हर बात में तरतीब चाहते थे। घर का संचालन उनके अपने हाथ में था। खूँटियाँ कमरों में कहाँ लगायी जाएँ, बिस्तर कहाँ बिछें, पर्दे किस रंग के लगाये जाएँ, श्रीमती कौन-सी साड़ी पहनें, मेज किस साइज की हो—शामनाथ को चिन्ता थी कि अगर चीफ का साक्षात् माँ से हो गया तो कहीं लज्जित न होना पड़े। माँ को सिर से पाँव तक देखते हुए बोले, "तुम सफेद कमीज और सफेद सलवार पहन लो माँ। पहन के आओ तो जरा देखूँ।"

माँ धीरे-से उठीं और अपनी कोठरी में कपड़े पहनने चली गईं।

"यह माँ का झमेला तो रहेगा।" उन्होंने फिर अँग्रेजी में अपनी स्त्री से कहा, "कोई ढंग की बात हो तो भी कोई कहे। अगर कहीं उल्टी-सीधी बात हो गई, चीफ को बुरा लगा तो सारा मजा जाता रहेगा।"

माँ सफेद कमीज और सलवार पहनकर बाहर निकलीं। छोटा-सा कद, सफेद कपड़ों में लिपटा, छोटा-सा सूखा हुआ शरीर, धुंधली आँखें, केवल सिर के आधे झड़े हुए बाल पल्ले की ओट में छिप पाए थे। पहले से कुछ ही कम कुरूप नजर आ रही थी।

"चलो, ठीक है। कोई चूड़ियाँ-वूड़ियाँ हों तो वह भी पहन लो। कोई हर्ज नहीं है।"

"चूड़ियाँ कहाँ से लाऊँ बेटा? तुम तो जानते हो सब जेवर तुम्हारी पढ़ाई में बिक गये।"

यह वाक्य शामनाथ को तीर की तरह लगा। तिनककर बोले, "यह कौन-सा राग छेड़ दिया माँ? सीधा कह दो, नहीं है जेवर, बस। इससे पढ़ाई-वढ़ाई का क्या ताल्लुक है? जो जेवर बिका तो कुछ बनकर ही आया हूँ। निरा लंडूरा तो नहीं लौट आया। जितना दिया था, उससे दुगुना ले लेना।"

"मेरी जीभ जल जाये, बेटा, तुमसे जेवर लूँगी? मेरे मुँह से यूँ ही निकल गया। जो होते, तो लाख बार पहनती।"

साढ़े पाँच बज चुके थे। अभी मिस्टर शामनाथ को खुद भी नहा-धोकर तैयार होना था। श्रीमती कब की अपने कमरे में जा चुकी थी। शामनाथ जाते हुए माँ को फिर एक बार हिदायत करते गये, "माँ, रोज की तरह गुमसुम बनकर नहीं बैठी

रहना। अगर साहब इधर आ निकलें और कोई बात पूछें, तो ठीक तरह से बात का जवाब देना।"

"मैं न पढ़ी, न लिखी बेटा, मैं क्या बात करूँगी? तुम कह देना, माँ अनपढ़ है, कुछ जानती-समझती नहीं। वह नहीं पूछेगा।"

सात बजते-बजते माँ का दिल धक-धक करने लगा। अगर चीफ सामने आ गया और उसने कुछ पूछा तो वह क्या जवाब देगी? अंग्रेज को तो दूर से ही देखकर वह घबरा उठती है, वह तो अमरीकी है। न मालूम क्या पूछे? मैं क्या कहूँगी। माँ का जी चाहा कि चुपचाप पिछवाड़े विधवा सहेली के घर चली जाये। मगर बेटे के हुक्म को कैसे टाल सकती थी। चुपचाप कुर्सी पर टाँग लटकाये वहीं बैठी रहीं।

एक कामयाब पार्टी वह है जिसमें ड्रिंक कामयाबी से चल जाये। शामनाथ की पार्टी सफलता के कदम चूमने लगी। वार्तालाप उसी रौ में बह चला जिस रौ में गिलास भरे जा रहे थे। कहीं कोई रुकावट थी, न अड़चन थी। साहब को व्हिस्की पसन्द आयी थी। मेमसाहब को पर्दे पसंद आये थे, सोफा-कवर का डिजाइन पसंद आया था, कमरे की सजावट पसंद आई थी। इससे बढ़कर क्या चाहिए? साहब तो ड्रिंक के दूसरे दौर में ही चुटकुले और कहानियाँ कहने लग गये थे। दफ्तर में जितना रौब रखते थे, यहाँ पर उतने ही दोस्त-परवर हो रहे थे और उनकी स्त्री, काला गाउन पहने, गले में सफेद मोतियों का हार, सेंट और पाउडर की महक से ओत-प्रोत, कमरे में बैठी सभी देशी स्त्रियों की आराधना का केन्द्र बनी थीं। बात-बात पर हँसती, बात-बात पर सिर हिलातीं और शामनाथ की स्त्री से तो ऐसे बातें कर रही थीं, जैसे उनकी पुरानी सहेली हों।

और इसी रौ में पीते-पिलाते साढ़े दस बज गये। वक्त गुजरता पता ही न चला। आखिर सब लोग अपने-अपने गिलासों में से आखिरी घूँट पीकर खाना खाने के लिए उठे और बैठक से बाहर निकले। आगे-आगे शामनाथ रास्ता दिखाते हुए, पीछे चीफ और दूसरे मेहमान। बरामदे में पहुँचते ही शामनाथ सहसा ठिठक गये। जो दृश्य उन्होंने देखा, उसने उनकी टाँगें लड़खड़ा गईं, और क्षणभर में सारा नशा हिरन होने लगा। बरामदे में ऐन कोठरी के बाहर माँ अपनी कुर्सी पर ज्यों-की-त्यों बैठी थीं, मगर दोनों पाँव कुर्सी की सीट पर रखे हुए और सिर दाएँ से बाएँ और बाएँ से दाएँ झूल रहा था। मुँह से लगातार खर्राटे की आवाजें आ रही थीं। जब सिर कुछ देर के लिए टेढ़ा होकर थम जाता तो खर्राटे और भी गहरे हो जाते और फिर जब झटके से नींद टूटती, तो सिर फिर दाएँ से बाएँ झूलने लगता। पल्ला सिर पर से खिसक आया था और माँ के झड़े हुए बाल, आधे गंजे सिर पर अस्त-व्यस्त बिखर रहे थे।

देखते ही शामनाथ क्रुद्ध हो उठे। जी चाहा कि माँ को धक्का देकर उठा दें और उन्हें कोठरी में ढकेल दें, मगर ऐसा करना सम्भव नहीं था। चीफ और बाकी मेहमान पास खड़े थे। माँ को देखते ही देसी अफसरों की कुछ स्त्रियाँ हँस दीं कि इतने में

चीफ ने धीरे-से कहा, "पूअर डियर।"

माँ हड़बड़ाकर उठ बैठीं। सामने खड़े इतने लोगों को देखकर ऐसी घबरायीं कि कुछ कहते न बना। झट से पल्ला सिर पर रखती हुई खड़ी हो गयीं और जमीन को देखने लगीं। उनके पाँव लड़खड़ाने लगे और हाथों की अंगुलियाँ थर-थर काँपने लगीं।

"माँ, तुम जाकर सो जाओ, तुम क्यों इतनी देर तक जाग रही थीं?" और खिसियाई हुई नजरों से शामनाथ चीफ के मुँह की ओर देखने लगे।

माँ ने झिझकते हुए अपने में समेटते हुए दोनों हाथ जोड़े मगर एक हाथ दुपट्टे के अंदर माला को पकड़े था, दूसरा बाहर। ठीक तरह से नमस्ते भी नहीं कर पाईं। शामनाथ इस पर भी खिन्न हो उठे। इतने में चीफ ने अपना दायाँ हाथ मिलाने के लिए आगे किया। माँ और भी घबरा उठीं।

"माँ, हाथ मिलाओ।"

पर हाथ कैसे मिलातीं, दाएँ हाथ में तो माला थी। घबराहट में माँ ने बायाँ हाथ ही साहब के दाएँ हाथ में रख दिया। शामनाथ दिल-ही-दिल में जल उठे। देसी स्त्रियाँ खिलखिलाकर हँस पड़ीं।

"यूँ नहीं, माँ! तुम तो जानती हो, दायाँ हाथ मिलाया जाता है। दायाँ हाथ मिलाओ।" मगर तब तक चीफ माँ का बायाँ हाथ ही बार-बार हिलाकर कह रहे थे, "हाउ डू यू डू?"

"कहो, माँ, मैं ठीक हूँ, खैरियत से हूँ।"

माँ कुछ बड़बड़ाईं।

"माँ कहती हैं, ठीक हूँ। कहो माँ, हाउ डू यू डू?" माँ धीरे-से सकुचाते हुए बोलीं, "हाउ डू डू..."

एक बार फिर कहकहा उठा।

वातावरण हल्का होने लगा। साहब ने स्थिति सँभाल ली थी। लोग हँसने-चहकने लगे थे। शामनाथ के मन का क्षोभ भी कुछ कम होने लगा था।

साहब अपने हाथ में माँ का हाथ अब भी पकड़े हुए थे और माँ सिकुड़ी जा रही थीं। साहब के मुँह से शराब की बू आ रही थी। शामनाथ अंग्रेजी में बोले, "मेरी माँ गाँव की रहने वाली हैं। उमर-भर गाँव में रही हैं। इसलिए आपसे लजाती हैं।"

साहब इस पर खुश नजर आए। बोले, "सच, मुझे गाँव के लोग बहुत पसंद हैं। तब तो तुम्हारी माँ गाँव के गीत और नाच भी जानती होंगी?" चीफ खुशी से सिर हिलाते हुए माँ को टकटकी बाँधे देखने लगे। "माँ, साहब कहते हैं, गाना सुनाओ कोई पुराना गीत, तुम्हें तो कितने ही याद होंगे।"

माँ धीरे-से बोलीं, "मैं क्या गाऊँगी बेटा, मैंने कब गाया है।"

"वाह माँ! मेहमान का कहा भी कोई टालता है? साहब ने इतने शौक से कहा है, नहीं गाओगी तो साहब बुरा मानेंगे।"

"मैं क्या गाऊँ बेटा, मुझे क्या आता है?"

"वाह! कोई बढ़िया टप्पे सुना दो। दो पत्तर अनाराँ दे ....."

देसी अफसर और उनकी स्त्रियों ने इस सुझाव पर तालियाँ पीटीं। माँ कभी दीन दृष्टि से बेटे के चेहरे को देखतीं, कभी पास खड़ी बहू के चेहरे को।

इतने में बेटे ने गम्भीर आदेश भरे लहजे में कहा, "माँ।"

इसके बाद में हाँ या न का सवाल ही न उठता था। माँ बैठ गईं और क्षीण, दुर्बल, लरजती आवाज में एक पुराना विवाह गीत गाने लगीं :

"हरिया नी मायँ, हरिया नी भैणे
हरिया तें भागी भरिया ह!"

देसी स्त्रियाँ खिलखिलाकर हँस उठीं। तीन पंक्तियाँ गाकर माँ चुप हो गईं। बरामदा तालियों से गूँज उठा। साहब तालियाँ पीटना बन्द ही न करते थे। शामनाथ की खीझ प्रसन्नता और गर्व में बदल उठी थी। माँ ने पार्टी में नया रंग भर दिया था। तालियाँ थमने पर साहब बोले, "पंजाब के गाँवों की दस्तकारी क्या है?"

शामनाथ खुशी में झूम रहे थे। बोले, "ओ, बहुत कुछ साहब! मैं आपको एक सेट उन चीजों की भेंट करूँगा। आप उन्हें देखकर खुश होंगे।"

मगर साहब ने सिर हिलाकर अंग्रेजी में फिर पूछा, "नहीं, मैं दुकानों की चीज नहीं माँगता। पंजाबियों के घरों में क्या बनता है, औरतें खुद क्या बनाती हैं?"

शामनाथ कुछ सोचते हुए बोले, "लड़कियाँ गुड़ियाँ बनाती हैं, औरतें, फुलकारियाँ बनाती हैं।"

"फुलकारी क्या?"

शामनाथ फुलकारी का मतलब समझाने की असफल चेष्टा करने के बाद माँ से बोले, "क्यों माँ, कोई पुरानी फुलकारी घर में है?" माँ चुपचाप अंदर गईं और अपनी फुलकारी उठा लाईं।

साहब बड़ी रुचि से फुलकारी देखने लगे। पुरानी फुलकारी थी। जगह-जगह से उसके तागे टूट रहे थे और कपड़ा फटने लगा था। साहब की रुचि देखकर शामनाथ बोले, "यह फटी हुई है साहब, मैं आपको नयी बनवा दूँगा। माँ बना देगी।" क्यों माँ, साहब को फुलकारी बहुत पसंद है। इन्हें एक ऐसी ही फुलकारी बना दोगी न?"

माँ चुप रहीं। फिर डरते-डरते धीरे-से बोलीं, "अब मेरी नजर कहाँ है बेटा? बूढ़ी आँखें क्या देखेंगी?"

मगर माँ का वाक्य बीच ही में तोड़ते हुए, शामनाथ साहब से बोले, "वह जरूर बना देंगी। आप उसे देखकर खुश होंगे।"

साहब ने सिर हिलाया, धन्यवाद दिया और हल्के-हल्के हुए खाने की मेज की ओर बढ़ गये। बाकी मेहमान भी उनके पीछे-पीछे हो लिये।

जब मेहमान बैठ गये और माँ पर से सबकी आँखें हट गयीं तो माँ धीरे-से कुर्सी पर से उठीं और सबकी नजरें बचाती हुई अपनी कोठरी में चली गयीं। मगर कोठरी में बैठने की देर थी कि आँखों से छलछल आँसू बहने लगे। दुपट्टे से बार-बार उन्हें पोंछतीं, पर वे बार-बार उमड़ आते, जैसे बरसों के बाँध तोड़कर उमड़ आए हों। माँ ने बहुतेरा दिल को समझाया, हाथ जोड़े, भगवान का नाम लिया, बेटे के चिरायु होने की प्रार्थना की, मगर आँसू बरसात के पानी की तरह जैसे थमने में ही नहीं आते थे।

आधी रात का वक्त होगा। मेहमान खाना खाकर जा चुके थे। माँ दीवार से सटकर बैठीं, आँखें फाड़े दीवार को देखे जा रही थीं। घर के वातावरण में तनाव ढीला पड़ चुका था। मुहल्ले की निस्तब्धता शामनाथ के घर पर भी छा चुकी थी। केवल रसोई में प्लेटों के खनकने की आवाज आ रही थी। तभी सहसा माँ की कोठरी का दरवाजा जोर से खटकने लगा।

"माँ, दरवाजा खोलो।"

माँ का दिल बैठ गया। हड़बड़ाकर उठ बैठीं। क्या मुझसे फिर कोई भूल हो गयी है? माँ कितनी देर से अपने-आपको कोस रही थीं कि क्यों उन्हें नींद आ गई, क्यों वह ऊँघने लगीं? क्या बेटे ने अभी तक क्षमा नहीं किया? माँ उठीं और काँपते हाथों से दरवाजा खोल दिया।

दरवाजा खुलते ही शामनाथ झूमते हुए आगे बढ़ गये और माँ को आलिंगन में भर लिया। "ओ अम्मी! तुमने तो आज रंग ला दिया। साहब तुमसे इतना खुश हुआ कि क्या कहूँ? ओ अम्मी! ओ अम्मी!"

माँ की छोटी-सी काया सिमटकर बेटे के आलिंगन में छिप गयी। माँ की आँखों में फिर आँसू आ गये। उन्हें पोंछते हुए धीरे से बोलीं, "बेटा, तुम मुझे हरिद्वार भेज दो। मैं कब से कह रही हूँ।"

शामनाथ का झूमना सहसा बन्द हो गया। उनकी पेशानी पर फिर तनाव के बल पड़ने लगे। उनकी बाँहें माँ के शरीर पर से हट गयीं। "क्या कहा, माँ? यह कौन-सा राग तुमने फिर छेड़ दिया?" शामनाथ का क्रोध बढ़ने लगा। बोलते गए, "तुम मुझे बदनाम करना चाहती हो, माँ! तुम जान-बूझकर हरिद्वार जा बैठना चाहती हो, ताकि दुनिया कहे कि बेटा माँ को अपने पास नहीं रख सकता।" "नहीं बेटा, अब तुम अपनी बहू के साथ जैसा मन चाहे, रहो। मैंने अपना खा-पहन लिया। अब यहाँ क्या करूँगी? जो थोड़े दिन जिन्दगानी के बाकी हैं, भगवान का नाम लूँगी। तुम मुझे हरिद्वार भेज दो!"

"तुम चली जाओगी तो फुलकारी कौन बनाएगा? साहब से तुम्हारे सामने ही फुलकारी देने का इकरार किया है।"

"मेरी आँखें अब नहीं हैं बेटा, जो फुलकारी बना सकूँ। तुम कहीं और से बनवा लो। बनी-बनाई ले लो।"

"माँ तुम मुझे धोखा देकर यूँ चली जाओगी? मेरा बनता काम बिगाड़ोगी? जानती नहीं, साहब खुश होगा तो मुझे तरक्की मिलेगी।" माँ चुप हो गईं। फिर बेटे के मुँह की ओर देखती हुई बोलीं, "क्या तेरी तरक्की होगी? क्या साहब तेरी तरक्की कर देगा? क्या उसने कुछ कहा है?

"कहा नहीं, मगर देखती नहीं, कितना खुश गया है। कहता था, जब तेरी माँ फुलकारी बनाना शुरू करेंगी तो मैं देखने आऊँगा कि कैसे बनाती हैं। जो साहब खुश हो गया तो मुझे इससे बड़ी नौकरी भी मिल सकती है। मैं बड़ा अफसर बन सकता हूँ।"

माँ के चेहरे का रंग बदलने लगा। धीरे-धीरे उनका झुर्रियों-भरा मुँह खिलने लगा, आँखों में हल्की-हल्की चमक आने लगी।

"तो तेरी तरक्की होगी बेटा?"

"तरक्की यूँ ही हो जाएगी? साहब को खुश रखूँगा तो कुछ करेगा, वरना उसकी खिदमत करने वाले क्या थोड़े हैं?"

"तो मैं बना दूँगी बेटा, जैसा बन पड़ेगा, बना दूँगी।"

और माँ दिल-ही-दिल में फिर बेटे उज्ज्वल भविष्य की कामनाएँ करने लगीं और मिस्टर शामनाथ, "अब सो जाओ, माँ।" कहते हुए, तनिक लड़खड़ाते हुए अपने कमरे की ओर घूम गये।

महीप सिंह

(1930)

जन्म : 15 अगस्त 1930, जिला उन्नाव के एक गाँव में जहाँ माता-पिता कुछ वर्ष पूर्व 'सराय आलमगीर' जिला गुजरात (पश्चिमी पंजाब, अब पाकिस्तान) से आकर बस गये थे।

शिक्षा : एम. ए. (हिन्दी–डी.ए.वी. कॉलेज कानपुर) पी.एच.डी. (आगरा विश्वविद्यालय)।

व्यवसाय : अध्यापन, खालसा कॉलेज (बंबई) 1955 से 1963 अध्यापन, खालसा कॉलेज (दिल्ली) 1963 से 1993 एक वर्ष तक कान्साई विश्वविद्यालय हीरकाता; जापान में विजिटिंग प्रोफेसर 1974-75।

सम्मान : शिक्षा मंत्रालय (केन्द्र सरकार) हिन्दी संस्थान (उ. प्र.); हिन्दी और पंजाबी अकादमी (दिल्ली) भाषा विभाग (पंजाब) तथा अनेक संस्थाओं द्वारा पुरस्कृत और सम्मानित।

दूरदर्शन : 1966 से अनेक वर्षों तक पत्रिका कार्यक्रम का संयोजन। अनेक चर्चाओं से भाग लिया। दूरदर्शन पर दो धारावाहिकों (लोक-लोक की बात और रिश्ते) का प्रसारण।

यात्राएँ : जापान, कनाडा, अमेरिका, ब्रिटेन, हांगकांग, थाईलैंड, सिंगापुर, पाकिस्तान की साहित्यिक यात्राएँ।

संपादन : गत चार दशकों से संचेतना का संपादन।

प्रकाशित कहानी संग्रह :

* सुबह के फूल * उजाले के उल्लू * घिराव * कुछ और कितना * मेरी प्रिय कहानियाँ * कितने सम्बन्ध * इक्यावन कहानियाँ * चर्चित कहानियाँ * धूप की उँगलियों के निशान।

उपन्यास : यह भी नहीं। (पंजाबी, गुजराती, मलयालम, अंग्रेजी में भी प्रकाशित।)

शोक

टेलीफोन के सामने बैठकर सागर जी कुछ देर सोचते रहे। फिर टेलीफोन की डायरी उठाकर उसके पन्ने उलटने लगे। उनके मन में बार-बार उठने लगा कहाँ से शुरू करूँ। तभी उनके मन में आया कि इधर-उधर से शुरू करने से कुछ लोग रह जायें ऐसा हो सकता है, इसलिए एल्फाबेटिकल शुरु करना ही अच्छा रहेगा। उन्होंने डायरी का एकदम शुरू का पन्ना निकाला। ए में पहला नाम अमरनाथ जी का था। उन्हें लगा यह महत्त्वपूर्ण नाम है। चाहे यह नाम राजनीति का नहीं है फिर भी इस व्यक्ति की अपने समाज में बड़ी इज्जत है। पैसे वाला होने के कारण कितनें स्कूलों, सभा-सोसाइटियों के साथ जुड़ा हुआ है।

सागर जी ने अमरनाथ का नम्बर मिलाया—"अमरनाथ जी...?"

उधर से आवाज आई—"जी बोल रहा हूँ।"

"मैं सागर बोल रहा हूँ...जी सुबह-सुबह आपको परेशान कर रहा हूँ...मेरे पिताजी गुजर गए...बस...कुछ घंटे पहले...उन्हें दिल का दौरा पड़ा...नहीं पहले तो ऐसी कोई शिकायत नहीं थी...उमर...? बस यही बहत्तर-तिहत्तर थी...लेकिन उनकी सेहत बहुत अच्छी थी...रोज सुबह चार बजे सैर करने निकल जाते थे, आज सैर करके आए तो कुछ घबराहट महसूस हुई...मैं तो अपने कमरे में सो रहा था...रात को आल पार्टी मीटिंग बड़ी देर तक चलती रही...होम मिनिस्टर ने बुलाई थी...देश की जैसी हालत है, सो तो आप जानते हैं...माँ ने मुझे जगाया...इससे पहले कि मैं डॉक्टर को बुला सकूँ...पिता जी के प्राणपखेरू उड़ गए...(गला भर्रा जाता है) उनका मुझे बड़ा सहारा था...मेरे सार्वजनिक जीवन की जो भी उपलब्धियाँ हैं, सब उन्हीं की बख्शीश से थीं...मैं तो एकदम बेसहारा महसूस कर रहा हूँ...जी निगम बोध घाट पर...दोपहर बाद पाँच बजे तक वहाँ पहुँच जाएँगे...बड़ी कृपा होगी...मुझे हमेशा ही आपसे बल मिलता रहा है...जी...जी..." सागर जी ने घड़ी देखी। एक व्यक्ति को इस बात की खबर देने में पाँच—सात मिनट लग गए थे। कुछ इधर-उधर की बातें भी तो करनी पड़ती हैं। उन्होंने झटपट दूसरा नाम देखा-अमरजीत सिंह। इसे भी खबर करनी चाहिए। इतना बड़ा ट्रान्सपोर्टर है। चुनाव के मौके पर बड़े काम का

आदमी है। उन्होने नम्बर मिलाया। संयोग से अमरजीत सिंह भी फोन पर मिल गए। उनसे भी लगभग उसी तरह की बात हुई। हाँ, एक खास बात यह हुई कि अमरजीत सिंह ने गहरी हमदर्दी दिखाते हुए अपनी ओर से एक पेशकश की—"सागर जी, निगम बोध घाट तक अर्थी ले जाने का क्या इन्तजाम है?"

"एक बड़ी वैन का प्रबन्ध मैंने कर लिया है!"

"परिवार के लोग श्मशान घाट तक कैसे पहुँचेंगे?" अमरजीत सिंह ने बड़ा सरोकार दिखाते हुए पूछा।

"दो-तीन गाड़ियों की व्यवस्था तो है, लेकिन...।"

"आप चिंता न कीजिए। मैं एक मिनी बस भेज देता हूँ। पच्चीस-तीस लोग उसमें आसानी से बैठ जाएँगे।"

सागर जी एकदम प्रफुल्ल हो उठ—"यह तो बड़ी अच्छी बात है अमरजीत सिंह जी ...मैं सोच ही रहा था कि इतने लोगों को इस गर्मी में श्मशान तक कैसे ले जाऊँ...?

घर मेहमानों से भरा पड़ा है...शवयात्रा तक और लोग भी पहुँच जाएँगे। आप मिनी बस भेज देंगे तो बड़ी सुविधा हो जाएगी...बहुत-बहुत धन्यवाद।"

फोन रखकर सागर जी सोचने लगे—'अमरजीत सिंह मौके पर काम आने वाला आदमी है। लेकिन मैंने भी तो उसके कितने काम किए हैं। उन्हें याद आने लगा—अमरजीत सिंह की टूरिस्ट बसों का ऑल इंडिया परमिट दिलवाने में कितनी भाग-दौड़ करनी पड़ी थी, ट्रान्सपोर्ट मिनिस्टर तक गोट न बैठाई गई होती तो काम नहीं बन सकता था। तभी उनका ध्यान अगले नाम पर गया। अनीस अहमद, अनिल अरोड़ा अनूपसिंह...फिर उन्हें ख्याल आया कि इस तरह चलने से तो बहुत देर हो जाएगी, बहुत से महत्त्वपूर्ण लोग, जिनका नाम म, र, स व आदि में आता है, वे अपने-अपने घरों से चले जाएँगे...तब उन्हें ढूँढना बहुत मुश्किल होगा। इसलिए बेहतर यही होगा कि पहले महत्त्वपूर्ण लोगों...विशिष्ट लोगों को फोन कर लिए जाएँ. ..दाह-संस्कार के समय कुछ जानी-मानी हस्तियाँ निगम बोध घाट पर नहीं दिखाई दीं तो लोग क्या सोचेंगे।

सागर जी को विशिष्ट लोगों के नाम याद करते हुए डायरी के पन्ने पलटने पड़े। सबसे पहले उन्हें परिवहन मंत्री का ही नाम याद आया। उन्होंने उनका नम्बर घुमाया तो बड़ी अपरिचित सी आवाज सुनाई दी—"जी...ई...ई...ई।"

"आप परिवहन मंत्री जी के यहाँ से बोल रहे हैं?"

फिर वही, "जी...ई...ई...ई..."

"मैं एस. पी. सागर बोल रहा हूँ...आप कौन बोल रहे हैं?"

"मैं मंत्री जी का पी. ए. बोल रहा हूँ...शर्मा।"

सागर जी ने आवाज में एकदम मिठास भर ली—"शर्मा जी, शायद आपने मुझे पहचाना नहीं...मैं एस. पी. सागर हूँ...मंत्री जी के साथ आपने मुझे अक्सर देखा

होगा...मैं अपनी पार्टी के उद्यमी और व्यवसायी सेल का संयोजक हूँ... आपको याद होगा...पिछले ही महीने अमरजीत सिंह एंड कम्पनी के नये शोरूम का उद्घाटन हुआ था... मंत्री जी उसमें आए थे...शायद आप भी उनके साथ थे...अच्छा उनके साथ नहीं थे...? उस दिन कोई और पी. ए. उनके साथ होगा...? खैर, लेकिन आपने मुझे मंत्रीजी के साथ देखा कई बार होगा...जर उनसे मेरी बात करा दीजिए...कुछ बड़ी जरूरी बात करनी है...।"

चोंगा हाथ में थामे हुए सागर जी प्रतीक्षा करने लगे। दूसरी ओर से कोई आवाज नहीं आ रही है, यह सोच-सोच कर उनके मन में खीज पैदा होने लगी। वे सोचने लगे, दो चार मंत्रियों का दाह-संस्कार के समय निगम बोध घाट पर होना बड़ा जरूरी है...नहीं तो बड़ी भद्द हो जाएगी। तभी अपने घोर प्रतिद्वन्द्वी सरूपचंद का चेहरा उनके सामने घूम गया। कुछ महीने पहले ही उसकी माँ की मृत्यु हुई थी। तब निगम बोध घाट पर कितनी भीड़ थी। अपनी पार्टी के कितने ही बड़े नेता वहाँ उपस्थित थे। यहाँ तक कि विपक्षी दलों के कितने जाने-माने चेहरे वहाँ दिखाई दे रहे थे। लेखकों-पत्रकारों का भी वहाँ पर अच्छा खासा जमावड़ा था...और सबसे बड़ी बात. ..उस समय सरूपचंद के चेहरे पर कैसा गर्व झलक आया था, जब सफेद अम्बेसडर कार अंदर तक चली गई थी और उसमें से दो लोग फूलों का कितना बड़ा चक्कर लेकर उतरे थे। लोगों की आँखो में उस समय कैसा भाव झलक आया था, जब उन्हें यह पता लगा था कि प्रधानमंत्री ने सरूपचंद की माँ के लिए ये श्रद्धा-सुमन भेजे हैं।

तभी सागर जी एकाएक चौंक उठे। टेलीफोन पर दूसरी तरफ मंत्री जी बोल रहे थे, उनकी तो जैसे घिग्गी बँध गई--"जी मंत्री जी अच्छा...! आप नाश्ता कर रहे थे. ..आई एम सो सॉरी...इस वक्त आपको तकलीफ दी...।" फिर उनका गला भर्रा आया। उन्होंने बड़ी करुणा-भरी आवाज में पिता की मृत्यु के कारण उन पर हुए वज्रपात की बात मंत्री जी को सुनाई। उनके चेहरे से लग रहा था कि मंत्री जी को उस दुखद समाचार से बहुत कष्ट पहुँचा है। और वे सागर जी के साथ गहरी संवेदना व्यक्त कर रहे हैं।

सागर जी की आँखें सचमुच भर आई थीं। एक हाथ से चोंगा पकड़े हुए उन्होंने दूसरे हाथ से कुर्ते की जेब से रूमाल निकाल लिया था। वे मंत्री जी से बातें भी कर रहे थे और अपनी आँखे भी पोंछते जा रहे थ--"आप यदि दो मिनट के लिए वहाँ दर्शन देंगे तो मुझे बड़ा ढाँढ़स मिलेगा...बहुत बल मिलेगा... आपकी सदा ही मुझ पर बड़ी कृपादृष्टि रही है...यह दृष्टि हमेशा बनाए रखिएगा...।"

चोंगा रखकर उन्होंने ठंडी साँस ली--"लो एक मंत्री का आना तो पक्का हुआ।"

फिर टेलीफोन डायरी के पन्ने पलटने और डायल पर उँगलियाँ घुमाने की गति एकाएक तेज हो गई। उनकी नजर बार-बार दीवार पर लगी घड़ी की ओर उठती थी

और बार-बार उन्हें अपने अंदर एक बड़ी हड़बड़ी अनुभव होती थी।

"अब बंद भी करिए ये टेलीफोन करना।" सागर जी की पत्नी झुँझलाई हुई उनके पास खड़ी थी—"पिताजी के अंतिम संस्कार के लिए कितने सारे इंतजाम करने हैं...आप हैं कि सुबह से टेलीफोन लिए बैठे हैं।"

सागर जी ने बहुत घूर कर पत्नी की ओर देखा। उनके मन में उभरा—यह तो बिल्कुल मूर्ख है...इसे पता नही, मैं कितना जरूरी काम कर रहा हूँ। यही तो दो-चार मौके होते हैं जब आपका जन-सम्पर्क बनता है और दिखता है। उन्होंने उसका एक हाथ पकड़कर अपने दोनों हाथों से दबाया। उन्हें लगा, घर में पत्नी के साथ साधा गया सम्पर्क बड़े-बड़े नेताओं या हजारों लोगों से किए गए जन-सम्पर्क से कुछ मुश्किल काम नहीं है।

"शील जी...।" अपनी आवाज में बिल्कुल आजमाई मिठास भर बोले—"आप चिंता न कीजिए...सारा प्रबन्ध हो जाएगा...जो काम मैं कर रहा हूँ, वह बड़ा जरूरी है। आप सरूपचंद की माँ के दाह-संस्कार में गई थीं न? कितने लोग...कितने स्टेटस वाले...श्मशान भूमि में आए थे...हमें भी तो समाज में अपनी इज्जत देखनी है कि नहीं...?

"ये सब तो ठीक है।" शील जी पूरी तरह द्रवित हो गई थीं—"लेकिन अगर दोपहर से पहले अर्थी को घर से बाहर निकालना है तो सारा इंतजाम तुरन्त करना पड़ेगा...समय ही कहाँ है?"

"देखो...।" सागर जी ने सोचते हुए कहा—"अर्थी तो दोपहर बाद ही यहाँ से निकलेगी। इससे पहले तो लोगों को खबर ही नहीं मिल पाएगी। अगर पिताजी की मृत्यु शाम को हुई होती तो मैं यह खबर अखबारों में दे देता जो दूसरे दिन सभी जगह छप जाती। उसी के साथ दाह-संस्कार का कार्यक्रम भी छप जाता। लेकिन पिताजी तो सुबह-सुबह ही गुजर गए...शाम के अखबारों में तो मैंने खबर भिजवा दी है...पर जो बात सुबह के अखबारों से बनती है, वह भला शाम के अखबारों से कैसे बन सकती है। मुश्किल यह है कि शाम के अखबारों को लोग सीरियसली लेते ही नहीं।"

अर्थी के लिए आवश्यक सामग्री का प्रबंध सागर जी के साले साहब कर रहे थे। तीनों बच्चे अभी बहुत छोटे हैं। सबसे बड़ा लड़का कँवल अभी दस साल का भी पूरा नहीं हुआ। तीनों बच्चे अपने मामा से इतना हिले हैं कि हमेशा मामा-मामा कहते हुए उसके पीछे लगे रहते हैं।

"किरपाल...!" सागरजी ने उसे पास से गुजरते हुए देखा तो आवाज दे दी।

"जी...जीजाजी।" उसकी आवाज में बेहिसाब हड़बड़ाहट थी।

"देखो भाई, यह सारा इन्तजाम तुम्हारे कन्धों पर है। मुझे तो यह भी पता नहीं कि ऐसे मौकों पर किन-किन चीजों की जरूरत पड़ती है...देखना किसी बात की

कमी न रह जाए...नहीं तो ऐन मौके पर खिल्ली उड़ जाएगी।"

"आप बिल्कुल फिकर न करिए जीजाजी...कोई कमी नहीं रहने पाएगी।" कहकर उसने शील की तरफ देखा—"दीदी, जरा एक बात सुनना।"

डायल घुमाते-घुमाते सागर जी ने देखा—किरपाल और शील एक कोने में कुछ गुप-चुप बात कर रहे हैं और शील अपने ब्लाउज में से पर्स निकाल रही है।

सागर जी ने जो नम्बर मिलाया था, वह बार-बार ऐंगेज आ रहा था। वे दूसरा नम्बर मिलाने लगे। उन्होंने देखा, शील पर्स में से सौ-सौ के कुछ नोट निकालकर किरपाल को दे रही है।

डायल घुमाते-घुमाते सागर जी को बड़ी उलझन होने लगी। उन्हें लगा इस सारे प्रबन्ध में किरपाल दो-चार सौ रूपए जरूर मार लेगा।

दो-चार लोगों को और फोन करने के बाद सागर जी उठ खड़े हुए। कुछ सोचते हुए धीरे-धीरे वे अंदर वाले कमरे में गए। पिताजी की देह जमीन पर सफेद चादर से लिपटी हुई रखी थी। उनकी माँ और कुछ रिश्तेदार बड़े उदास भाव से बैठे हुए थे। मृत देह के सिरहाने एक पुजारी धीरे-धीरे किसी धर्मग्रंथ का पाठ कर रहा था।

सागर जी मृत देह के पैरों के पास बैठ गए। उन्होंने अपने दोनों हाथ पिता के पैरों पर रखे और सिर झुकाकर फफक-फफक कर रोने लगे। आसपास बैठे कुछ लोग पास खिसक आए। उन्हें अपने कन्धों और पीठ पर अनेक स्त्री-पुरूष हाथों का स्पर्श अनुभव हुआ।

शाम को निगम बोध घाट पर काफी भीड़ थी। सागर जी अपनी सूजी हुई आँखों से सबके संवेदना भरे स्वर सुन रहे थे और हाथ जोड़कर सबके सामने सिर झुका रहे थे। उनकी नजरें बार-बार सामने आने वाले लोगों की तरफ उठ जाती थीं।

सागर जी ने मन-ही-मन में पूरा हिसाब लगा लिया था। पार्टी के स्थानीय नेताओं में से कुछ लोग आ गए थे, किन्तु प्रदेश के अध्यक्ष, उपाध्यक्ष या महासचिव के चेहरे अभी तक नहीं दिखे थे। नगर-निगम के दो-तीन भूतपूर्व सदस्य तो आ गए थे, लेकिन केन्द्रीय नेतृत्व में से किसी के दर्शन नहीं हुए थे—न पार्टी में से, न सरकार में से।

लोग सागर जी के पास आकर अपनी संवेदना व्यक्त कर रहे थे। वे उन्हें बड़े विनम्र भाव से अपना धन्यवाद भी दे रहे थे, पर उनका मन बहुत उदास हो गया था। नजदीकी रिश्तेदार चिता के लिए लकड़ियाँ उठा-उठाकर ला रहे थे। संस्कार करवाने वाला पुरोहित चिता की लकड़ियाँ ठीक ढंग से लगवा रहा था। सागर जी के बड़े भाई दोपहर को ही दिल्ली पहुँच गए थे, इसलिए पिता को मुखाग्नि देने का दायित्व उनके कन्धों पर चला गया था। किरपाल दौड़-दौड़कर सारी सामग्री इकट्ठा कर रहा था।

तभी भीड़ में से एक चेहरा उभरा। सागर जी ने देखा मंत्री उपमंत्री आनन्द जी

हाथ में गुलाब की माला लिए, कुछ लोगों से घिरे हुए चले आ रहे हैं। सागर जी के बुझे चेहरे पर हल्की-सी चमक दौड़ गई। वे बड़ी फुर्ती से आगे बढ़े। उन्हें अपनी और बढ़ता देखकर आनन्दजी रूक गए। उन्होंने मुहँ में भरा पान मसाला एक ओर थूक दिया और दोनों हाथ बढ़ाकर सागर जी को अपने कलावे में ले लिया।

"पिताजी के स्वर्गवास से बहुत आघात लगा...सागर जी...।"

"जैसी भगवान् की मर्जी।" सागर जी ने बड़े शोक भरे शब्दों में कहा। फिर वे उपमंत्री जी को बड़े आदर से अर्थी के पास ले गए। मंत्रीजी ने अर्थी पर माला डाली और बड़ी श्रद्धा से दोनों हाथ जोड़कर प्रणाम किया।

आज चौथा था। घर के प्रमुख लोगों को अस्थियाँ चुनने के लिए श्मशान भूमि पर जाना था। यह निश्चित हुआ था कि वहीं से एक वैन अस्थियाँ लेकर गंगा में प्रवाहित करने के लिए हरिद्वार चली जाएगी। लेकिन सागर जी अस्थियों के साथ हरिद्वार नहीं जा रहे थे। पिछले दो दिन से वे बहुत उदास थे। किसी काम में उनका मन नहीं लग रहा था। उन्होंने ठीक से कुछ खाया-पीया भी नहीं था। शील ने उन्हें समझाने की बार-बार कोशिश की थी—"किसी के माता-पिता हमेशा तो साथ नहीं रहते. ..इस तरह हिम्मत हारने से कैसे चलेगा...पिताजी अपनी सभी जिम्मेदारियाँ पूरी कर गए...पीछे भरा-पूरा परिवार छोड़कर गए हैं... आपको हौसला रखना चाहिए...इसी से उनकी आत्मा को शांति मिलेगी...।"

लेकिन सागर जी की उदासी दूर नहीं हो रही थी। उनकी आँखो के सामने श्मशान भूमि का दृश्य बार-बार घूम रहा था...बस केन्द्र का एक उपमंत्री आय... उस कैबिनेट मिनिस्टर को क्या हो गया था...? उसने वहाँ आने का पूरा वादा किया था...पर इनके वायदे का क्या है...नहीं आना था तो कम-से-कम अपने पी. ए. के जरिए फूल-माला ही भिजवा देते...श्मशान भूमि के लोग भी उम्मीद से बहुत कम थे...कम-से-कम हजार-डेढ़ हजार की भीड़ तो होनी चाहिए थी...बड़ी मुश्किल से चार-पाँच सौ लोग होंगे...उनमें ज्यादातर तो गली-मोहल्ले वाले ही थे—वी. आई. पी. कितने थे...? मुश्किल से एक-दो होंगे...अगर आननद जी भी न आते...तो बस...सब बंटाधार हो जाता...

अस्थियाँ लेकर गाड़ी हरिद्वार चली गई थी। सुबह अफसोस करने आए लोग भी चले गए थे। घर में सन्नाटा छाया हुआ था। माँ एक कोने में उदास बैठी हुई थी। शील रसोईघर में उलझी हुई थी। बच्चे खा-पीकर सो गए थे।

दूर कुर्सी पर बैठे सागर जी माँ की ओर टकटकी लगाए देख रहे थे। एकाएक उन्हें लगा—अब माँ भी ज्यादा दिन जिंदा नहीं रहेगी। फिर उनके अंदर भविष्य की कितनी ही कल्पनाओं का जैसे ज्वार-सा उमड़ पड़ा। उन्हें लगा—माँ की अर्थी श्मशान भूमि पहुँच गई है। प्रधानमंत्री सहित मंत्रिमंडल के सभी सदस्य वहाँ आए हुए हैं...सारे निगम बोध घाट पर बस सिर ही सिर दिखाई दे रहे हैं...इतने में एक बड़ी लम्बी

गाड़ी वहाँ आकर रूकती है...उसमें से राष्ट्रपति का ए.डी.सी. फूलों का बड़ा गुलदस्ता लेकर उतरता है और अपनी फौजी वर्दी में खट-खट चलता हुआ अर्थी के पास पहुँचकर सैल्यूट करता है फिर उसे अर्थी पर रख देता है।

सागर जी माँ को एकटक देखने लगे फिर धारे से उठकर उसके पास जाकर बैठ गए। माँ के पास बैठे-बैठे उनकी आँखों में से आँसू झलक आये।

चित्रा मुद्गल

(1944)

10 दिसम्बर 1944 को चेन्नई में जन्मी और मुंबई में शिक्षित चित्रा मुद्गल आधुनिक कथा-साहित्य की बहुचर्चित और सम्मानित रचनाकार हैं। प्रखर चेतना की संवाहिका चित्रा जी के पास अनुभवों को विपुल भंडार है। उन्होंने समाज के विभिन्न समुदायों, विशेषकर दलितों-शोषितों के बीच पैठकर काम किया है। आंदोलनमुखी संगठनों से उनका गहरा नाता है—उनकी मान्यता है कि सामाजिक परिवर्तनों की दिशा में आन्दोलनों की निर्णायक भूमिका है।

दूरदर्शन के लिए उन्होंने टेलीफिल्म 'वारिस' का निर्माण किया है, साथ ही प्रसिद्ध कहानियों पर आधारित 'एक कहानी', 'मंझधार', 'रिश्ते' सरीखे धारावाहिकों में इनकी अनेक कहानियाँ सम्मिलित हुई हैं।

समकालीन यथार्थ को वह जिस अद्भुत भाषिक संवदेना के साथ अपनी कथा-रचनाओं में परत-दर-परत अनेक अर्थछवियों में अन्वेषित करती हैं, वह चकित कर देने वाला है। अब तक चित्रा मुद्गल के तेरह कहानी संग्रह, तीन उपन्यास, तीन बाल उपन्यास, चार बालकथा-संग्रह, पाँच संपादित पुस्तकें और दो वैचारिक संकलन प्रकाशित हो चुके हैं।

इन्हें बहुचर्चित उपन्यास 'आवां' पर बिड़ला फाउंडेशन का 'व्यास सम्मान', सहस्राब्दि का पहला अंतर्राष्ट्रीय 'इन्दु शर्मा कथा सम्मान' लंदन (इंग्लैंड) में पाने का गौरव तो प्राप्त हुआ ही है, साथ ही हिंदी अकादमी, दिल्ली का 'साहित्यकार सम्मान', 'विकास' काया फाउंडेशन द्वारा सामाजिक कार्यों के लिए 'विदुला सम्मान' और उत्तर प्रदेश हिंदी संस्थान द्वारा 'साहित्य भूषण सम्मान' से भी समलंकृत किया गया है।

संप्रति : प्रसार भारती बोर्ड, भारत सरकार की सदस्या एवं प्रसिद्ध समाज-सेविका।

चेहरे

"साअऽऽऽ...ली हरामऽऽऽ...पैंट को हाथ क्यों लगाया?" वह एकाएक चिढ़ और गुस्से से बिफरा। तुरंत उसका एक हाथ अपनी दाहिनी जेब पर चला गया। पर्स का उभार ज्यों-का-त्यों महसूस कर वह गहरे आश्वस्त हुआ।

यही भिखमंगी है, यही। इसी ने उस रोज उसके टखनों को छू-छूकर उसका खड़े रहना मुहाल कर दिया था। पसीजकर नहीं, बल्कि ऊबकर उसने निश्चय किया था कि उसे कुछ दे-दिलाकर अपना पिंड छुड़ाये। पर ज्यों ही उसका हाथ अपने पर्स पर गया, जेब में पर्स नदारद पाकर वह घबरा उठा। फटाफट उसने पैंट की अगली, बायीं और पिछली दोनों जेबों सहित बुश्शर्ट की जेबें भी टटोल डालीं, पर्स नहीं था। घर से तो वह पर्स लेकर चला था। नुक्कड़ पर पान खाया था। चार छुट्टा सिगरेटें खरीदी थीं और पान वाले से आग्रह किया था कि वह रेजगारी दे दे। कंडक्टर आजकल बहुत बदतमीज हो गये हैं। उनके पास दो के नोट की भी रेजगारी नहीं होती है। पर्स तो था उसके पास। बस में भी सही-सलामत। बस में भी बहुत पॉकेटमारी हो रही, इसलिए हमेशा ही वह अतिरिक्त सावधान रहता है। असावधान हुआ था तो बस उसी क्षण जब वह गिड़गिड़ाती, उसके टखने को हाथ लगाये जा रही थी। यह तो गनीमत हुई कि उसी लम्बी 'क्यू' में कॉलोनी के अवस्थी साहब खड़े हुए थे। उन्हीं से दस रुपये माँग लिये। उसी रोज उसने यह भी निश्चय किया, भले उसे पश्चिम रेलवे से महीने में दो-चार बार ही यात्रा करनी पड़ती है, पर अब वह टिकट की लाइन में कतई नहीं लगा करेगा, 'ऑल रूट पास' बनवा लेगा। नुकसान उठा आजकल क्यू में खड़ा रहना कतई निरापद नहीं।

परन्तु पास निकालने का निश्चय व्यस्तता में वह भूल-भाल गया। पॉकेट कटने की घटना भी जेहन से उतर गयी। आज फिर भिखमंगी के टखने छूते ही वह घटना जेहन में ताजा हो गयी। उसे शत-प्रतिशत विश्वास था कि इसी ने उसकी पॉकेट कटवायी थी। इधर टिकटघर पर ये वारदात दिनोंदिन बढ़ती जा रही हैं और निश्चय ही इन वारदातों में भिखारियों का हाथ लगता है।

हाथ फिर टखने को छू गया। उसके गुस्से और गाली का उस पर कोई असर

नहीं हुआ। दयनीय गिड़गिड़ाहट भी पूर्ववत थी—''एक चवन्नी-अठन्नी, सा'ब! बच्चे के दूध के वास्ते। सुब्बू से भूखा है, दया करना, सा'ब! आपके बच्चे का लम्बा उमर होना, सा'ब!''

ढिठाई की भी हद है। उसके होंटों पर भद्दी-सी गाली तिलमिलाकर फूटने को हुई कि तभी अचानक किसी ने 'क्यू' के बीच से एक अश्लील फिकरा कसा, ''साआऽऽली! ये जो मन-मन भर के लटकाए घूमती है, इनसे बच्चे का पेट नहीं भरता क्या?''

''भरता है, भरता है। दोनों का ही भरता है।'' जवाब भी साथ ही उछला। कतारबद्ध भीड़ ठहाकों से भर उठी। आस-पास की क्यू में खड़े लोग कुछ हँसे, कुछ अबूझ-से चौंके। क्यू में खड़ी युवतियों और औरतों को यह अभद्रता अलबत्ता नागवार गुजरी। एकाध ने व्यस्त भाव से फौरन पत्रिका खोल ली। कुछेक ने टिकटघर के ऊपर लगे सीजन टिकट के सूचना-पट्ट पर बेमतलब दृष्टि गड़ा ली। कुछ सतर्क हो अपने आँचल और दुपट्टे सँवारने लगीं। भिखमंगी पर असर बस इतना-भर हुआ कि लसलसे होटों पर खिसियायी मुस्कराहट लपेट, उसने अपने पोलके के मुसे हुए पल्लों को एक हाथ से नीचे खींच, दूसरे से स्तनों को ऊपर ठेलकर, उघड़ापन ढकने का बेझिझक प्रयास किया। गोदी का बच्चा गोदी में लटक-सा आया।

फिकरे के साथ मजे लेती भीड़ पर वह खुन्नाया। अजीब कूढ़-मगज लोग हैं। मजे ले रहे हैं। लो! खुदा न खास्ता अभी कहीं किसी की जेब साफ हो जाये तो फौरन फटने लगेगी। नहीं सोचते कि यह मजा लेने की बात नहीं है, सोचने-समझने की बात है कि आखिर बाढ़ के पानी की तरह ये जो भिखमंगे-भिखमंगियाँ टिकटघरों पर अरराकर टूट पड़े हैं, क्या सिर्फ यात्रियों की दया-दृष्टि के पात्र बनने की खातिर कि लौटी रेजगारी में से कोई छोटा-मोटा सिक्का उनके कटोरे में उछाल दें?

अपनी जेब कटने से पहले भी उसने कई दफा टिकटघर पर शिकायत की थी—जबानी और लिखित दोनों ही। साथ ही एक प्रमुख स्थानीय अखबार में भी पाठकों के पत्रों के अन्तर्गत उसे टिकटघरों पर भिखारियों के बढ़ते उत्पात और यात्रियों की परेशानी को रेखांकित करते हुए एक कड़ा विरोध-पत्र लिखा था, जिसमें उसने स्टेशन अधिकारियों की उदासीनता और लापरवाही पर तीखी टिप्पणी की थी कि हम बान्द्रा पूर्व और पश्चिम के यात्रियों का दोनों ओर के टिकटघरों पर इत्मीनान से खड़े रह पाना मुहाल हो गया है। पर सम्बन्धित अधिकारियों के कान पर जूँ तक नहीं रेंगी। उन्होंने टका-सा जवाब थमा दिया कि जब सरकार ही इस समस्या को सुलझाने में विफल रही तो बताइए, हम क्या करें? बनवाये तो गये हैं 'भिक्षुकगृह!' 'भिखारी पकड़ों और पकड़वाओ, मुम्बई शहर को स्वच्छ बनाओ' अभियान के अन्तर्गत हजारों भिखारी लावारिस कुत्तों की भाँति नगरपालिका की वैन में ठूँस-ठूँसकर 'भिक्षुकगृह' नहीं पहुँचाये गये? मगर कड़ी निगरानी के बावजूद क्या उन्हें बाँधकर

रखा जा सका? 'सच तो यह है साहब, हम स्वयं इन लोगों से परेशान हैं।' एक अधिकारी ने डूबे हुए स्वर में हताशा जतायी—'रेलवे पुलिस को हमने यह मामला सौंपा हुआ है। महीने-भर पहले की बात है—उनकी कड़ी निगरानी और सख्ती का ही नतीजा था कि हफ्तों तक ये भिखमंगे-भिखमंगियाँ टिकटघर के सामने नहीं फटके। मगर क्या करें, साहब! आखिर पुलिस चौबीस घण्टे इन्हें ही तो ताके नहीं बैठी रह सकती! फिर यात्री भी तो हमारे अभियान में सहयोग नहीं देते। पहले तो साहब! उन्हें अपनी भीख देने और इन भिखारियों के माध्यम से अपना परलोक सुरक्षित करने की आदत से निजात पाना होगा। असलियत तो यही है कि यात्रियों ने ही इन्हें स्टेशनों और सड़कों पर परका रखा है। कई दफे तो पुलिस अभियान में भी यात्रियों ने जबरन दखल देकर इनके पक्ष में पुलिस से ही तकरार ठान ली कि एक तो सरकार गरीबी हटा नहीं पा रही, तिस पर इन मुसीबत के मारों और मजबूरों पर जब-तब डण्डे बरसाकर उन्हें चैन से बैठने नहीं दे रही। अब बताइए, हम इस समस्या को कैसे सुलझायें? हमें आपकी सुविधा-असुविधा का बराबर खयाल है। दरअसल, जब तक आप लोग स्वयं इनसे नहीं निपटेंगे, हम लाख सख्ती बरतें, ये नहीं मानने वाले। अब आपको क्या बतायें। टिकटघर के सामने इनसे कम गन्दगी होती है। ओने-कोने पर अपने चीकट, मैले-कुचैले, नंग-धड़ंग बच्चे बैठा देंगी, जो खाना, हगना, मूतना एक साथ निपटाते रहेंगे। और-तो-और, गाड़ियाँ तो जैसे इनके बाप की मिल्कियत हैं। 'फ्री' पास दे रखा है रेलवे ने इन्हें कि यात्रियों से घूमते-टहलते, डिब्बे-डिब्बे डोलते आराम से भत्ता वसूल करते रहो। क्या बतायें, कितना नुकसान उठाना पड़ता है। घाटे में ऐसे ही थोड़े चल रही रेलवे...'

वह उनके तर्कों से काफी कुछ सहमत होते हुए भी असहमत हुआ। जैसा कि अधिकारियों का दावा था कि पिछले महीने रेलवे स्टेशनों से भिखारियों को खदेड़ने में उन्होंने काफी सफलता अर्जित की और यात्रियों को उनके उत्पात से राहत दिलायी, तो फिर अनुशासन और कड़ाई में कतई ढील नहीं आने देनी चाहिए थी। ढील आयी क्यों? भीख माँगना मजबूरी नहीं; न उसका ताल्लुक मात्र पेट भरने और तन ढँकने से है। भीख माँगना लोगों का पेशा हो गया है। पेशा इतनी आसानी से नहीं बदला जा सकता। सख्ती करनी होगी, सख्ती। वरना 'भिक्षुकगृह' से भिखारी रातों-रात दीवार फाँदकर भागते?

अन्धे, लूले, लँगड़ों की तो लाचारी समझी, मगर हट्टी-कट्टी, रिरियाती ये मुस्टण्डियाँ, पेट से बाहर करते ही अपने पिल्लुओं को भी पीछे लगा देती हैं। यूँ देखो तो मोहल्ले में बाइयाँ नहीं मिलेंगी भाण्डा-कटके के वास्ते। सुषमा (पत्नी) पिछले तीन साल से कामचोर कमली की धौंस बर्दाश्त कर रही है। चाहे वह टाइम-बेटाइम आये, या जब जी चाहे, बीमार पड़ ले या नाते-रिश्तेदारी में किसी को मार डाले...

जेब कटते ही बौखलाया-सा वह स्टेशन इनचार्ज के सामने जा धमका था।

"ये भिखारनें गैंग लीडर हैं। भीख के लिए सस्पर्श गिड़गिड़ा-गिड़गिड़ाकर ये यात्रियों का ध्यान अपनी ओर आकर्षित कर, उन्हें पूरी तरह असावधान बना देती हैं। और इनके गुर्गे 'क्यू' में यात्रियों की शक्ल में धँसे, मौका पाते ही लोगों की जेब साफ कर देते हैं। यह तो एक पक्ष है—और सुनिये! अधनंगी बैठ-बैठ ये ग्राहक भी फँसाती हैं। चकला बना रखा है टिकटघरों को इन मक्खियों ने। दो-चार सिपाही टिकटघर के सामने तैनात नहीं कर सकते आप, जो इन पर कड़ी निगरानी रखें? बैठना तो दूर, इन्हें घुसने ही न दें? यात्रियों की सुरक्षा की जिम्मेदारी आपकी नहीं?" वह मेज पर पूरी ताकत से मुक्का पटककर चीखा था, "ये टिकटघर हैं या लूट के अड्डे?"

"देखिए, चीखिए मत। जो भी कहना है, उसे शान्ति से भी कह सकते हैं। आप।" स्टेशन इनचार्ज के वाक्य में चिढ़ स्पष्ट थी; मगर लहजा संयत और ठण्डा।

"मेरी जेब से डेढ़ सौ रुपये 'क्यू' में खड़े-खड़े निकल गये। टिकट तक के लिए कानी-कौड़ी न बची। मामूली बात है?"

स्टेशन इनचार्ज ने उसका वाक्य पूरा नहीं होने दिया, 'रिपोर्ट लिखवा दीजिए।"

"उससे क्या होगा?" वह फिर उखड़ा, "ऐसी रिपोर्ट्स तो आपके पास दिन में बीसियों आती रहती हैं। सवाल यह उठता है कि ऐसे असामाजिक तत्वों के विरुद्ध आपने कार्रवाई क्या की? शो मी! क्या किया है आपने सिवा बातें बघारने के?"

"आप पहले अपना 'टोन' सँभालिए।"

"आप मेरी बात का जवाब दीजिए।"

"इस तरह बातचीत नहीं हो सकती।"

"किस तरह हो सकती है?" उसकी मुद्रा आक्रामक हो आयी। पर दूसरे की क्षण उसने अपने को संयत-सतर्क किया। यह सरकारी महकमा है। उसका रत्ती-भर असंयत आचरण मुसीबत खड़ी कर सकता है। दफ्तर में बैठा हुआ यह घोड़मुखा बाबू इस वक्त बब्बर शेर है और अपनी माँद में इसका पव्वा भारी है।

"जस्ट लिसन! जब आपको पता है कि मात्र हमारा स्टेशन ही नहीं, पूरा मुम्बई 'पिक पॉकेटिंग' से त्रस्त है, तो आप क्यू में असावधानी से खड़े ही क्यों होते हैं? ओ.के., माना कि यात्रियों की सुविधा और सुरक्षा का दायित्व हमारा है, पर इसका यह मतलब तो नहीं कि आप आराम से बंसी बजाते रहिए और हमसे अपेक्षा करते रहिए कि हम हर क्षण आपका साया बनकर आपकी निगरानी करते रहें? जब आप अकेले अपनी सुरक्षा नहीं कर पाते तो हमारी जिम्मेदारी तो बहुत बड़ी है। हजारों-लाखों यात्रियों की सुरक्षा का भार हम पर है। त्रुटि रह जाना स्वाभाविक है। आप स्थिति की गम्भीरता समझने की कोशिश नहीं कर रहे है, उलटा..."

"ठीक है, ठीक है, हमें आप समझदारी और सहिष्णुता की घुट्टी पिलाइए। अभी किसी विधानसभाई या म्युनिसिपल कॉर्पोरेटर को चूना लग गया होता न, तो

आप जमीन-आसमान की कुलाँचें भरते नजर आते।''

''आप साहब, हमें उलाँघ रहे।''

''क्या हुआ, भाई? अरे, भाई पॉकेट कट गयी किसी की! ये पॉकेटमार जिन्न है, जिन्न! हरामखोरों ने जीना मुहाल कर रखा। ढूँढ़ो साले को।'' अचानक पीछे की 'क्यू' प्रश्नों के बगूलों के साथ कसमसायी।

वह अपनी एकाग्रता से टूटकर सजग हुआ। क्यू से थोड़ा बाहर आकर, पीछे मुड़कर देखा। पीछे की क्यू अपने अग्रभाग से कटकर भीड़ में परिवर्तित हो उठी थी। मामला समझ गया। बड़े हँसी-ठट्ठे हो रहे थे। अगल-बगल की 'क्यू' में से भी लोग धसकने लगे। कोई एक भिखमंगा बच्चा था—आठ-नौ साल का। माँ वृद्ध सज्जन के पीछे पड़ गयी कि वह कुछ-न-कुछ जरूर दे उसे। तीन दिन की भूखी है। वृद्ध सज्जन उसे सुना-अनसुना करने लगे। तभी वह बच्चा उनको धकियाता-सा बीच से निकलकर परली ओर भागा, जैसे अचानक उसे कोई जरूरी काम याद आया हो और उसे तुरन्त वहाँ पहुँचना हो। किसी ने उसकी इस हरकत को विशेष नहीं लिया। माँ तब तक आगे बढ़ चुकी थी कि एकाएक वृद्ध सज्जन का परलोक उमड़ा। उन्होंने इशारे से उसे वापस बुलाया और कुरते की जेब में हाथ डाला; पर पर्स जेब से नदारद था।

''वही, उसी छोकरे की कारस्तानी है। जबरन धक्का मारते गया और मेरा पर्स''...वृद्ध सज्जन बोलते हुए हकलाते-से लगभग रुआँसे हो आये।

''यही माँ है उसकी, इसको पकड़ो! इसे पक्का मालूम होगा कि वह कहाँ होगा।''

भीड़ ने माँ को घेर लिया। वह भय से थरथर काँपने लगी। इनकार करने लगी कि उस छोकरे से उसका कोई रिश्ता नहीं। वह तो जानती भी नहीं उसको और अगर अपने बच्चों को ऐसी हराम की ही कमाई खिलानी होती उसे तो भला वह दिन-दिन-भर खड़े-बैठे उनकी दया-दृष्टि को रिरियाती? फिर उसके बच्चे तो घर पर हैं माई-बाप। उसे समझने की कोशिश करें। उस दुखियारी पर रहम करें। उसके बच्चों की सौगन्ध...आई ची (माँ की) सौगन्ध, बापा ची सौगन्ध उसे कुछ भी नहीं पता। उसे छोड़ दिया जाये।

''नहीं, हरगिज नहीं। लगाओ चूतड़ों पर। हरामजादी अभी भकुर देगी! इसी के आगे-पीछे रोज चिपटा दीखता है छोकरा! बन रही है अब।''

''यार, औरत है। क्यों उलझे हो गरीब भिखारिन से? छोड़ो।'' किसी ने तरफदारी की।

वह अब अपने-आपको तटस्थ नहीं रख पाया। भूल ही गया कि उसे मर्चेण्ट चेम्बर ग्यारह बजे पहुँचना है। देखा जायेगा, मौका अच्छा है—वारदात भी है, भीड़ भी है, भीड़ में आक्रोश भी है, उत्तेजना भी है, प्रतिशोध भी है। इस वक्त अगर वह

छोकरा हत्थे चढ़ जाये तो इतने हाथ और पाँव पड़ेंगे साले के ऊपर कि...चलो, छोकरा न सही, छोकरे की माँ सही। सारे फसाद की जड़ तो यही भिखमंगियाँ हैं। इन्हीं से निपटा जाये। इन्हीं से निपटना होगा। इन्हें खदेड़ना होगा। भीड़ भी है, जागी हुई भीड़, भीड़ जो बड़ी मजमेबाजी, चक्करबाजी, नारेबाजी, भाषणबाजी, झण्डेबाजी, दुर्घटनाबाजी, हड़तालबाजी से पैदा होती है। और जब पैदा हो जाती है तो कुछ गुजरने के हौसले से अगर उसे पूर दिया जाये तो अपनी लड़ाई स्वयं लड़ जाती है...नतीजे भी अपने हक में होते हैं।

वह फुरती से टिकटघर के भीतर घुसा और किसी चपरासी का स्टूल खींच, ठीक भीड़ के आगे दहाड़ता हुआ, चढ़कर खड़ा हो गया। उसकी मुट्ठियाँ ऊँची छत की सीध में तन गयीं, तनी हुई नसों के साथ!

''भाइयो! मैं पूरे यकीन के साथ कह सकता हूँ कि वह जेबकतरा बच्चा कोई गैर बच्चा नहीं, बल्कि इसी भिखमंगी का बच्चा है। और इनका धन्धा वस्तुतः भीख माँगना नहीं, आप लोगों की गाढ़ी कमाई को उड़न-छू करना है। आप इत्मीनान और सुरक्षा से टिकटघर के सामने खड़े नहीं रह सकते। हम कछेक यात्रियों ने रेलवे अधिकारियों के समक्ष इन कथित समस्याओं को बार-बार उठाया है। लिखित और मौखिक दोनों ही रूपों में अपनी आपत्ति प्रदर्शित की है कि हम सब यात्री भिखमंगियों और भिखमंगों के उत्पात से गले तक त्रस्त हैं...कि ये भिखमंगियाँ, ये जवान भिखमंगियाँ अधनंगी बैठकर यात्रियों का मनोबल ही नहीं डिगातीं, बल्कि धन्धे के लिए ग्राहक भी जुटाती हैं। जेबकटी भी इन्हीं के इशारों पर धड़ल्ले से चल रही। ये घिनौनी हरकतें हमारे स्टेशनों के नाम पर कलंक हैं। क्या हम यात्रियों का कोई नैतिक कर्तव्य नहीं है कि हम अपने स्टेशनों को व्यभिचार और गुण्डई का अड्डा न बनने दें? सच तो यह है कि इन असामाजिक तत्वों के खिलाफ रेलवे प्रशासन द्वारा अब तक की गई कारवाई कतई सन्तोषजनक नहीं है। उलटा अधिकारियों का तर्क है कि इन बुराइयों को जब यात्री प्रश्रय देते हैं तो हम कैसे और किस तरह सुलझायें। तो भाइयो! हमें इस समस्या से स्वयं निपटना चाहिए। आइए, मेरे साथ सहयोग कीजिए। हम अभी, इसी वक्त इन माऽऽऽ...भिखमंगियों और भिखमंगों को हकाल फेंकेंगे। और इस भिखमंगी को तो पुलिस के हवाले करके ही छोड़ेंगे। यह ऐसे नहीं कबूलेगी। मिरचें भरी जायेंगी तो फौरन कबूलेगी। आइए, अपनी सुरक्षा की खातिर हम इन्हें बाहर खदेड़ दें...''

सकताई खड़ी भीड़ पर उसकी ललकार का आशातीत असर हुआ। टिकटघर के सामने जैसे भूचाल आ गया। यात्री भिखारियों पर टूट पड़े और उन्हें घसीट-घसीटकर सड़क पर ले जाने लगे। उनके बासन, मैली-कुचैली चादरें बाहर फेंक दिये गये। उनके बच्चे सहमे-रोते-चीखते-बिलबिलाते बाहर भागे।

'स्टेशन इन्चार्ज मुरदाबाद', 'रेलवे पुलिस मुरदाबाद' के नारों से टिकटघर हिल

उठा। प्लेटफॉर्म से बाहर निकलते हुए यात्री जहाँ के तहाँ अबूझ-से ठिठके खड़े हो गये। क्रुद्ध भीड़ के आतंक से भयभीत टिकट खिड़कियाँ खटाखट बन्द कर दी गयी कि कहीं तोड़-फोड़ न शुरू हो जाये। खिड़कियाँ बन्द होते ही तत्काल रेलवे पुलिस जत्थों में प्रकट हो गयी। सिपाहियों ने सबसे पहले उस भिखमंगी को पकड़ा। फिर यात्रियों से विनम्र निवेदन करने लगे कि वे कृपया शान्त हो जायें और शान्ति से काम लें। वे स्वयं उन्हें हटाने का कार्य करेंगे। और आइन्दा उन्हें यहाँ फटकने नहीं दिया जायेगा।

"नहीं..." उसने मुट्ठियाँ दृढ़ता से तानीं और अपनी आवाज को नारा बनाया—"हम अब आपके झाँसे में नहीं आयेंगे। कोरे आश्वासनों से शान्ति और व्यवस्था नहीं बनी रह सकती। यह टिकटघर है या गुण्डई का अड्डा? ये मुस्टण्डियाँ मजदूरी कर सकती हैं, घरों में बर्तन घिस सकती हैं, मगर पोलकों के बटन तोड़, भीख माँगने बैठ जाती हैं और हम पर जेबकतरे कुत्ते छोड़ देती हैं। यह सभ्य नागरिकों के खड़े रहने की जगह रह गयी? अब तक आप सो रहे थे?"

अचानक उसकी नजर सातवीं खिड़की से लगे खम्भे पर टिक गयी। वही भिखमंगी, जो कुछ देर पहले उसकी पैंट को हाथ लगा-लगाकर भीख के लिए गिड़गिड़ा रही थी और उसके पूर्व अनुभव के मुताबिक उसकी जेब कटने में भी जिसका निश्चित हाथ था, लोगों के खींचने, चेतावनी देने और धमकाने के बावजूद अपनी जगह से टस-से-मस नहीं हो रही थी—बच्चे को सीने से चाँपे।

"हराम..." वह दाँत पीसता उसकी ओर लपका और उसकी बाँह दबोच उसे बाहर की ओर घसीटने लगा। वह एक बाँह से अपना बच्चा भींचे गन्दी, फूहड़ गालियाँ बरसाती उसे सरापे जा रही थी। एकाएक पता नहीं उसमें कहाँ की ताकत आ गयी कि उसने उसकी पकड़ से अपने-आपको ऐंठा और सर्र से मुक्त हो वापस दौड़कर उसी खम्भे से चिपक गयी। और उसे ही नहीं, पूरी भीड़ को चुनौती देती हुई गरजी, "तेरी माँ...दम है तो लगा हाथ! बुला बड़े बाबू को! बुला...उखाड़ उसकी! देखती हूँ, कौन हिलाता है मेरे को! मैं हर रोज बैठूँगी अऊर इदरीच बैठूँगी...ए जागा मेरी।"

पल-भर को तो वह क्या, समूची भीड़ के कान लाल हो गये। औरत के मुँह से ऐसी फुरि-फुरि गालियाँ। इतनी हिम्मत इस दो टके की औरत की? उसने तर्राकर पुनः उसकी बाँह धर ली—"बैठूगी...कैसे बैठेगी?"

"बैठूँगी-बैठूँगी! तेरे बाप की जागा है! ऐं?"

"तेरे तो...' वह दाँत पीसता हुआ उसे बाहर की ओर धकियाने लगा। तभी पीछे से चार सिपाहियों ने उसे लगभग घेरने की कोशिश की, "सा'ब! परछाईं भी आस-पास नहीं फटकेगी। अब छोड़ दीजिए।"

"दिखाई देगी मैं, दिखाई देगी...इदरीच बैठेगी...ये जागा मेरी है और काय को

नईं बैठेगी। वो जो बड़े बाबू बैइठते आत मध्ये (भीतर), हफ्ता लेते मेरे से, हफ्ता! और ये भड़ुए! (उसने सिपाहियों को दुत्कारा) कैसा पकड़ेंगे मेरे को, रात यारड में ले जा के...''

सिपाहियों ने उसे दबोच लिया।

वह अपनी जगह पर भौंचक जड़ हो आया। क्रुद्ध भीड़ की उत्तेजना स्तब्ध हो उठी।

सिपाही उसे डण्डे से हनकते, धकियाते, 'कमीनी, कुतिया' गरियाते सड़क की ओर घसीट ले गये। उसने स्पष्ट देखा, मूँछवाले हड़ियल सिपाही ने भद्दी-सी गाली के साथ डण्डे की नोक उसकी अधउघड़ी छाती में चुभो दी।

भीड़ के अवाक निष्क्रिय होते ही टिकटघर की खिड़कियाँ फटाफट खुल गयीं। भीड़ जैसे एकाएक सम्मोहनमुक्त हुई और भसभसाकर टिकटघर पर टूट पड़ी—'क्यू' में अपना नम्बर आगे से आगे रख पाने के प्रयास में धकियाती-मुकियाती। कितनी बेअसर! अपने में बन्द! अपने तक! यह वही भीड़ है? उसका मन हुआ कि कहीं से उसके हाथों में ढेलों को ढेर पड़ जाये तो वह टिकटघर की खिड़कियाँ तोड़ दे, भीतर दुबके बैठे अधिकारियों के खोपड़े फोड़ दे। मगर सच्चाई अकेले उसी ने तो नहीं सुनी! फिर, जागी हुई भीड़ का उबाल सच्चाई और नैतिकता के प्रति कैसे नपुंसक हो उठा?

मगर वह नहीं छोड़ेगा। सुरक्षा की लड़ाई उनसे पहले इनसे लड़नी होगी...ये जो खिड़कियों के भीतर दुबके बैठे हैं।

वह तमतमाया-सा उसी टिकट खिड़की के पास पहुँचा (चूँकि दरवाजे बन्द थे) कि वह बड़े बाबू को चुनौती देगा कि वे बाहर निकलकर आयें, पर यह क्या! उसकी आँखों को दृष्टि-भ्रम हो रहा है या उसने पलकें पटपटायीं, आँखें मिचमिचायी और पुनः गहरी दृष्टि से भीतर झाँका—उसे समूची भीड़ खिड़की के भीतर, मेजों पर झुकी हुई बैठी नजर आयी।

उदय प्रकाश

(1952)

जन्म : 1952, मध्यप्रदेश के शहडोल (अब अनूपपुर) जिले के गाँव सीतापुर में।

शिक्षा : सागर वि.वि. सागर और जवाहरलाल नेहरू वि.वि., नई दिल्ली में।

कार्य : जवाहरलाल नेहरू वि.वि. और इसके मणिपुर केन्द्र में लगभग चार वर्ष तक अध्यापन। संस्कृति विभाग, मध्यप्रदेश, भोपाल में लगभग दो वर्ष विशेष कर्तव्यस्थ अधिकारी। इसी दौरान 'पूर्वग्रह' का सहायक संपादन। नौ वर्षों तक टाइम्स ऑफ इंडिया के समाचार पाक्षिक 'दिनमान' के सम्पादकीय विभाग में नौकरी। बीच में एक वर्ष टाइम्स रिसर्च फाउंडेशन के स्कूल ऑफ सोशल जर्नलिज्म में अध्यापन। लगभग दो वर्ष पी.टी.आई. (टेलिविज़न) और एक वर्ष इंडिपेंट टेलीविज़न में विचार और पटकथा प्रमुख। कुछ समय 'संडे मेल' में वरिष्ठ सहायक संपादक रहे। इन दिनों स्वतंत्र लेखन तथा फिल्म और मीडिया के लिए लेखन।

कृतियाँ : 'सुनो कारीगर', 'अबूतर-कबूतर', 'रात में हारमोनियम', 'एक भाषा हुआ करती है' (कविता संग्रह)। 'दरियाई घोड़ा', 'तिरिछ', 'और अंत में प्रार्थना', 'पॉल गोमरा का स्कूटर', 'पीली छतरी वाली लड़की', 'दत्तात्रेय के दुख', 'मोहन दास', 'अरेबा परेबा', 'मैंगोसिल' (कहानी संग्रह)। 'ईश्वर की आंख', 'अपनी उनकी बात' और 'नयी सदी का पंचतंत्र' (निबंध, आलोचना, साक्षात्कारों का संकलन)।

पुरस्कार : भारत भूषण अग्रवाल पुरस्कार (1980), ओमप्रकाश साहित्य सम्मान (1982), श्रीकांत वर्मा स्मृति पुरस्कार (1992), मुक्तिबोध पुरस्कार (1996), साहित्यकार सम्मान, हिंदी अकादेमी, दिल्ली, (1999), रामकृष्ण जयदयाल सद्भावना सम्मान, (1997), पहल सम्मान (2003), कथाक्रम सम्मान (2005), पुश्किन सम्मान (2006), द्विजदेव सम्मान (2006-07)।

उदय प्रकाश कविता को हर बार वहाँ से पकड़ने की कोशिश करते हैं। जहाँ से उसका मूल उत्स है। इसलिए वह अपने अनुभव - लोक में हमेशा इस तरह प्रवेश करते हैं—''विकसित सभ्यताएँ जिस तरह लौट जाती हैं धरती के गर्भ में'' या

''इतिहास जिस तरह विलीन हो जाता है समूह की मिथकगाथा में'', हमारी चेतना पर निरंतर जमती जाती धूल को हटाकर उसके अन्दर झाँकने का यह उनका अपना ढंग है, जहाँ यथार्थ और स्वप्न के बीच के सारे कामचलाऊ विभाजन अर्थहीन हो जाते हैं। यह कवि उदय प्रकाश की एक ऐसी काव्य युक्ति है। जिसे उन्होंने अपने लम्बे आत्मसंघर्ष के भीतर से अर्जित किया है।

तिरिछ

इस घटना का सम्बन्ध पिताजी से है। मेरे सपने से है और शहर से भी है। शहर के प्रति जो एक जन्मजात भय होता है, उससे भी है।

पिताजी तब पचपन साल के हुए थे। दुबला शरीर। बाल बिलकुत मक्के के भुए जैसे सफेद। सिर पर जैसे रुई रखी हो। वे सोचते ज्यादा थे—बोलते बहुत कम। जब बोलते तो हमें राहत मिलती, जैसे देर से रुकी हुई साँस निकत रही हो। साथ-साथ हमें डर भी लगता। हम बच्चों के लिये वे एक बहुत बड़ा रहस्य थे। हमें पता था कि संसार के सारे ज्ञान की तिजोरी उनके पास है। हम जानते थे कि संसार की सारी भाषाएँ वे बोल सकते हैं। दुनिया उनको जानती है और हमारी तरह ही उनसे डरती हुई उनका सम्मान करती है।

हमें उनकी सन्तान होने का गर्व था।

कभी-कभी, वैसे ऐसा सालों में एकाध बार ही होता, वे शाम को हमें अपने साथ टहलाने कहीं बाहर ले जाते। चलने से पहले वे मुँह में तम्बाकू भर लेते। तम्बाकू के कारण वे कुछ बोल नहीं पाते थे। वे चुप रहते। यह चुप्पी हमें बहुत गम्भीर, गौरवशाली, आश्चर्यजनक और भारी-भरकम लगती। छोटी बहन कभी उनसे रास्ते में कुछ पूछना चाहती तो फौरन मैं उसका जवाब देने की कोशिश करता, जिससे पिताजी को न बोलना पड़े।

वैसे यह काम काफी मुश्किल और जोखिम भरा होता। क्योंकि मैं जानता था कि अगर मेरा जवाब गलत हुआ तो पिताजी को बोलना पड़ जायेगा। बोलने में उन्हें परेशानी होती थी। एक तो उन्हें तम्बाकू की पीक निकालनी पड़ती थी, फिर जिस दुनिया में वे रहते थे, वहाँ से निकलकर यहाँ तक आने में उन्हें एक कठिन दूरी तय करनी पड़ती थी। वैसे बहन के सवालों में कोई खास बात होती नहीं थी। जैसे वह यही पूछ लेती कि सामने छिउले की सूखी टहनी पर बैठी उस चिड़िया को क्या कहते हैं? मैं चूँकि सारी चिड़ियों को जानता था इसलिए बता सकता था कि वह नीलकंठ है और दशहरे के दिन उसे जरूर देखना चाहिए। मेरी पूरी कोशिश रहती कि पिताजी को आराम रहे और वे सोचते रहें।

मेरी और माँ की, दोनों की पूरी कोशिश रहती कि पिताजी अपनी दुनिया में सुख-चैन से रहें। वहाँ से उन्हें जबरन बाहर न निकाला जाय। वह दुनिया हमारे लिए बहुत रहस्यपूर्ण थी, लेकिन हमारे घर की और हमारे जीवन की बहुत-सी समस्याओं का अन्त पिताजी वहीं रहते हुए करते थे। जैसे जब मेरी फीस की बात आयी, उस समय हमारे पास का आखिरी गिलास भी गुम गया था और सब लोग लोटे में पानी पीते थे। पिताजी दो दिन तक बिलकुल चुप रहे। माँ को भी शक हुआ था कि पिताजी फीस की बात बिलकुल भूल गये हैं या फिर इसका हल उनके वश की बात नहीं है। लेकिन तीसरे दिन, सुबह-सुबह, पिताजी ने मुझे एक पत्र लिफाफे में रखकर दिया और शहर के डॉक्टर पन्त के पास भेजा। मुझे बहुत आश्चर्य हुआ जब डॉक्टर ने मुझे शरबत पिलायी, घर के भीतर ले जाकर अपने बेटे से परिचय कराया और सौ-सौ के तीन नोट मुझे दिये।

हम पिताजी पर गर्व करते थे, प्यार करते थे, उनसे डरते थे और उनके होने का अहसास ऐसा था जैसे हम किसी किले में रह रहे हों। ऐसा किला, जिसके चारों ओर गहरी नहरें खुदी हुई हों, बुर्जें बहुत ऊँची हों, दीवारें सख्त लाल चट्टानों की बनी हुई हों और हर बाहरी हमले के सामने हमारा किला अभेद्य हो।

पिताजी एक खूब मजबूत किला थे। उनके परकोटे पर हम सब कुछ भूलकर खेलते थे, दौड़ते थे और रात में खूब गहरी नींद मुझे आती थी।

लेकिन उस दिन, शाम को, जब पिताजी बाहर से टहलकर आये तो उनके टखने में पट्टी बँधी थी। थोड़ी देर में गाँव के कई लोग वहाँ आ गये। पता चला कि पिताजी को जंगल में तिरिछ (विषखापर, एक जहरीला लिजार्ड) ने काट लिया है।

हम सब जानते थे कि तिरिछ के काटने पर आदमी बच ही नहीं सकता। रात में, लालटेन की धुँधली-मटैली रोशनी में गाँव के बहुत-से लोग हमारे आँगन में जमा हो गये थे। पिताजी उनके बीच थे, जमीन पर बैठे हुए। फिर पास के गाँव का चुटुआ नाई भी आया। वह अरंड के पत्ते और कंडे की राख से जहर उतारता था।

तिरिछ एक बार मैंने देखा था।

तालाब के किनारे जो बड़ी-बड़ी चट्टानों के ढेर थे, और जो दोपहर में खूब गर्म हो जाते थे, उनमें से किसी चट्टान की दरार से निकलकर वह पानी पीने तालाब की ओर जा रहा था।

मेरे साथ थानू था। उसने बतलाया कि वह तिरिछ है, काले नाग से सौ गुना ज्यादा उसमें जहर होता है। उसी ने बताया कि साँप तो तब काटता है, जब उसके ऊपर पैर पड़ जाय या कोई जब जबरदस्ती उसे तंग करे। लेकिन तिरिछ तो नजर मिलते ही दौड़ता है। पीछे पड़ जाता है। उससे बचने के लिये कभी सीधे नहीं भागना चाहिये। टेढ़ा-मेढ़ा, चक्कर काटते हुए, गोल-मोल दौड़ना चाहिये।

दरअसल जब आदमी भागता है तो जमीन पर वह सिर्फ अपने पैरों के निशान

ही नहीं छोड़ता, बल्कि हर निशान के साथ, वहाँ की धूल में, अपनी गंध भी छोड़ जाता है। तिरिछ इसी गंध के सहारे दौड़ता है। थानू ने बतलाया कि तिरिछ को चकमा देने के लिये आदमी को यह करना चाहिए कि पहले तो वह बिलकुल पास-पास कदम रखकर, जल्दी-जल्दी कुछ दूर दौड़े, फिर चार-पाँच बार खूब लम्बी-लम्बी छलाँग लगा दे। तिरिछ सूँघता हुआ दौड़ता आयेगा, जहाँ पास-पास पैर के निशान होंगे, वहाँ उसकी रफ्तार खूब तेज हो जायेगी—और जहाँ से आदमी ने छलाँग मारी होगी, वहाँ आकर वह उलझन में पड़ जायेगा। वह इधर-उधर तब तक भटकता रहेगा जब तक उसे अगले पैर का निशान और उसमें बसी गंध नहीं मिल जाती।

हमें तिरिछ के बारे में दो बातें और पता थीं। एक तो यह कि जैसे ही वह आदमी को काटता है, वैसे ही वह वहाँ से भागकर किसी जगह पेशाब करता है और उस पेशाब में लोट जाता है। अगर तिरिछ ने ऐसा कर लिया तो आदमी बच नहीं सकता। अगर उसे बचना है तो तिरिछ के पेशाब में लोटने के पहले ही, खुद किसी नदी, कुएँ या तालाब में डुबकी लगा लेनी चाहिये या फिर तिरिछ के ऐसा करने के पहले ही उसे मार देना चाहिए।

दूसरी बात यह कि तिरिछ काटने के लिये तभी दौड़ता है, जब उससे नजर टकरा जाय। अगर तिरिछ को देखो तो उससे कभी आँख मत मिलाओ। आँख मिलते ही वह आदमी की गंध पहचान लेता है और फिर पीछे लग जाता है। फिर तो आदमी चाहे पूरी पृथ्वी का चक्कर लगा ले, तिरिछ पीछे-पीछे आता है।

मैं भी तमाम बच्चों की तरह उस समय तिरिछ से बहुत डरता था। मेरे दुःस्वप्न के सबसे खतरनाक पात्र दो ही थे—एक हाथी और दूसरा तिरिछ। हाथी तो फिर भी दौड़ता-दौड़ता थक जाता था और मैं पेड़ पर चढ़कर बच जाता था या फिर उड़ने लगता था, लेकिन तिरिछ—उसके सामने तो मैं किसी इंद्रजाल में बँध जाता था। मैं सपने में कहीं जा रहा होता तो अचानक ही किसी जगह वह मिल जाता, उसकी जगह तय नहीं होती थी। कोई जरूरी नहीं था कि वह चट्टानों की दरार में, पुरानी इमारतों के पिछवाड़े या किसी झाड़ी के पास दिखे—वह मुझे बाजार में, सिनेमा हॉल में, किसी दुकान या मेरे कमरे में ही दिख सकता था।

मैं सपने में कोशिश करता कि उससे नज़र न मिलने पाये, लेकिन वह इतनी परिचित आँखों से मुझे देखता कि मैं अपने-आपको रोक नहीं पाता था और बस, आँख मिलते ही उसकी नजर बदल जाती थी—वह दौड़ता था और मैं भागता था।

मैं गोल-गोल चक्कर लगाता, जल्दी-जल्दी पास-पास डग भरकर अचानक खूब लम्बी-लम्बी छलाँगें लगाने लगता, उड़ने की कोशिश करता, किसी ऊँची जगह पर चढ़ जाता, लेकिन मेरी हजार कोशिशों के बावजूद वह चकमा नहीं खाता था। वह मुझे बहुत घाघ, समझदार, चतुर और खतरनाक लगता। मुझे लगता कि वह मुझे

खूब अच्छी तरह से जानता है। उसकी आँखों में मेरे लिये परिचय की जो चमक थी उससे मुझे लगता कि वह मेरा ऐसा शत्रु है जिसे मेरे दिमाग में आने वाले हर विचार के बारे में पता है।

मेरा सबसे खौफनाक, यातनादायक, भयाक्रांत और बेचैनी से भरा यही सपना था। भागते-भागते मेरा पूरा शरीर थक जाता, फेफड़े फूल जाते, मैं पसीने में लथपथ होकर बेदम होने लगता और एक बहुत ही डरावनी, सुन्न कर डालने वाली मृत्यु मेरे बिलकुल करीब आने लगती। मैं जोरों से चीखता, रोने लगता। पिताजी को, थानू को या माँ को पुकारता और फिर मैं जान जाता कि यह सपना है। लेकिन यह पता चल जाने के बावजूद मैं अच्छी तरह से जानता कि तब भी मैं अपनी इस मृत्यु से नहीं बच सकता। मृत्यु नहीं—तिरिछ द्वारा अपनी हत्या से—और ऐसे में मैं सपने में ही कोशिश करता कि किसी तरह मैं जाग जाऊँ। मैं पूरी ताकत लगाता, सपने के भीतर आँखें खोलकर फाड़ता, रोशनी को देखने की कोशिश करता और जोर से कुछ बोलता। कई बार बिलकुल ऐन मौके पर मैं जागने में सफल भी हो जाता।

माँ बतलाती कि मुझे सपने में बोलने और चीखने की आदत है। कई बार उन्होंने मुझे नींद में रोते हुए भी देखा था। ऐसे में उन्हें मुझे जगा डालना चाहिये, लेकिन वे मेरे माथे को सहला कर मुझे रजाई से ढँक देती थीं और मैं उसी खौफनाक दुनिया में अकेला छोड़ दिया जाता था। अपनी मृत्यु—बल्कि अपनी हत्या से बचने की कमजोर कोशिश में भागता, दौड़ता, चीखता।

वैसे, धीरे-धीरे मैंने अनुभवों से यह जान लिया था कि आवाज ही ऐसे मौके पर मेरा सबसे बड़ा अस्त्र है जिससे मैं तिरिछ से बच सकता था। लेकिन दुर्भाग्य से, हर बार, इस अस्त्र की याद मुझे बिलकुल अन्तिम समय पर आती थी। तब, जब वह मुझे बिलकुल पा लेने वाला होता। अपनी हत्या की साँसें मुझे छूने लगतीं, मौत के नशे से भरे एक निर्जीव लेकिन डरावने अँधेरे से मैं घिर जाता, लगता मेरे नीचे कोई ठोस आधार नहीं है—मैं हवा में हूँ और वह पल आ जाता, जब मेरे जीवन का अन्त होने वाला होता। तभी, बिलकुल इसी एक बहुत ही छोटे और नाजुक पल में मुझे अपने इस अस्त्र की याद आती और मैं जोर-जोर से बोलने लगता और इस आवाज के सहारे मैं सपने से बाहर निकल आता। मैं जाग जाता।

कई बार माँ मुझसे पूछतीं भी कि मुझे क्या हो गया था। तब मेरे पास इतनी भाषा नहीं थी कि मैं उन्हें सब कुछ, एक-एक चीज उसी तरह बता पाता। अपनी इस असमर्थता के बारे में मुझे खूब पता था और इसी वजह से मैं एक अजीब-से तनाव, बेचैनी और असहायता से भर जाता। अन्त में हारकर इतना ही कह पाता कि "बहुत डरावना सपना था।"

जाने क्यों मुझे शक था कि पिताजी को उसी तिरिछ ने काटा था, जिसे मैं पहचानता था और जो मेरे सपने में आता था।

लेकिन एक अच्छी बात यह हुई थी कि जैसे ही वह तिरिछ पिताजी को काटकर भागा, पिताजी ने उसका पीछा करके उसे मार डाला था। तय था कि अगर वे फौरन उसे नहीं मार पाते तो वह पेशाब करके उसमें जरूर लोट जाता। फिर पिताजी किसी हाल में न बचते। यही वजह थी कि पिताजी को लेकर मुझे उतनी चिन्ता नहीं रह गयी थी। बल्कि एक तरह की राहत और मुक्ति की खुशी मेरे भीतर धीरे-धीरे पैदा हो रही थी। कारण, एक तो यही कि पिताजी ने तिरिछ को तुरन्त मार डाला था और दूसरा यह कि मेरा सबसे खतरनाक, पुराना परिचित शत्रु आखिरकार मर चुका था। उसका वध हो गया था और जब मैं अपने सपने के भीतर, कहीं भी, बिना किसी डर के, सीटी बजाता घूम सकता था।

उस रात देर तक हमारे आँगन में भीड़ रही आयी। पिताजी की झाड़-फूँक चलती रही। काटे के जख्म को चीर कर खून भी बाहर निकाला गया और कुएँ में डालने वाली लाल दवा (पोटेशियम परमेंगनेट) जख्म में भर गया। मैं निश्चिंत था।

अगली सुबह पिताजी को शहर जाना था। अदालत में पेशी थी। उनके नाम सम्मन आया था। हमारे गाँव से लगभग दो किलोमीटर दूर से निकलने वाली सड़क से शहर के लिये बसें गुजरती थीं। उनकी संख्या दिन भर में मुश्किल से दो या तीन थी। गनीमत थी कि पिताजी जैसे ही सड़क तक पहुँचे, शहर जाने वाला पास के गाँव का एक ट्रैक्टर उन्हें मिल गया। ट्रैक्टर में बैठे हुए लोग पहचान के थे। ट्रैक्टर दो-ढाई घंटे में शहर पहुँच जाने वाला था। यानी अदालत खुलने से काफी पहले।

रास्ते में तिरिछ वाली बात चली। पिताजी ने अपना टखना उन लोगों को दिखलाया। ट्रैक्टर में पंडित राम औतार भी थे। उन्होंने बतलाया कि तिरिछ के जहर की एक खासियत यह भी है कि कभी-कभी यह चौबीस घंटे बाद, ठीक उसी वक्त, जिस वक्त पिछले दिन तिरिछ काटता है, अपना असर दिखाता है इसलिए अभी पिताजी को निश्चिंत नहीं होना चाहिए। ट्रैक्टर के लोगों ने पिताजी का ध्यान एक और बड़ी गलती की ओर खींचा। उनका कहना था कि यह तो पिताजी ने बहुत ठीक किया कि तिरिछ को फौरन मार डाला, लेकिन इसके बाद भी तिरिछ को यों ही नहीं छोड़ देना चाहिये था। उसे कम से कम जला जरूर देना चाहिए था।

उन लोगों का कहना था कि बहुत-से कीड़े-मकोड़े और जीव-जन्तु रात में चन्द्रमा की रोशनी में दुबारा जी उठते हैं। चाँदनी में जो ओस और शीत होती है उसमें अमृत होता है और कई बार ऐसा देखा गया है कि जिस साँप को मरा हुआ समझकर रात में यों ही फेंक दिया जाता है, उसका शरीर चाँद की शीत में भीग कर दुबारा जी उठता है और वह भाग जाता है। फिर वह हमेशा बदला लेने की ताक में रहता है।

ट्रैक्टर के लोगों को शक था कि कहीं ऐसा न हो कि रात में जी उठने के बाद तिरिछ पेशाब करके उसमें लोट जाय। ऐसा हुआ तो चौबीस घंटे बीतते-बीतते, ठीक उसी घड़ी के आने पर, तिरिछ का जानलेवा जहर पिताजी पर चढ़ना शुरू हो जायेगा।

उन लोगों ने सलाह भी दी कि पिताजी को वहीं से वापस लौट जाना चाहिए और अगर संयोग से, उस तिरिछ की लाश उसी जगह पड़ी हुई हो तो उसे अच्छी तरह जलाकर राख कर देना चाहिए। लेकिन पिताजी ने उन्हें बताया कि पेशी कितनी जरूरी थी। यह तीसरा सम्मन था और अगर इस बार भी वे अदालत में हाजिर न हुए तो गैर-जमानती वारंट निकलने का डर था। पेशी भी हमारे उसी मकान को लेकर थी, जिसमें हमारा परिवार रह रहा था। वकील को पिछले दो बार की पेशी में फीस भी नहीं दी जा सकी थी और कहीं अगर उसने लापरवाही दिखला दी और जज सनक गया तो वह हमारी कुड़की-डिक्री भी करवा सकता था।

विचित्र स्थिति थी कि अगर पिताजी उस तिरिछ की लाश को जलाने के लिये ट्रैक्टर से उतरकर, वहीं से गाँव लौट आते तो गैर-जमानती वारंट के तहत वे गिरफ्तार कर लिये जाते और हमारा घर हमसे छिन जाता। अदालत हमारे खिलाफ हो जाती।

लेकिन पंडित राम औतार एक वैद्य भी थे। ज्योतिष पंचांग के अलावा उन्हें जड़ी-बूटियों की भी बड़ी गहरी जानकारी थी। उन्होंने सुझाया कि एक तरीका ऐसा है, जिससे पिताजी पेशी में हाजिर भी हो सकते हैं और तिरिछ के जहर से चौबीस घंटे के बाद बच भी सकते हैं। उन्होंने बताया कि चरक का निचोड़ इस सूत्र में है कि विष ही विष की औषधि होता है। अगर धतूरे के बीज कहीं मिल जायें तो वह तिरिछ के ज़हर की काट तैयार कर सकते हैं।

अगले गाँव सामतपुर में ट्रैक्टर रोक दिया गया और एक तेली के खेत में धतूरे के पौधे आखिरकार खोज निकाले गये। धतूरे के बीजों को पीसकर उसे ताँबे के पुराने सिक्के के साथ उबालकर काढ़ा तैयार किया गया। काढ़ा बहुत कड़वा था इसलिए उसे चाय में मिलाया गया और पिताजी को वह चाय पिला दी गयी। इसके बाद सभी निश्चिंत हो गये। एक बहुत बड़े खतरे से पिताजी को निकालने की कोशिश हो रही थी।

वैसे मुझे तिरिछ के बारे में तीसरी बात भी पता थी, जो पिताजी के जाने के कई घंटे बाद अचानक याद आ गयी थी। यह बात साँप की उस बात से मिलती-जुलती थी, जिसके फलस्वरूप आगे चलकर कैमरे का आविष्कार हुआ था।

माना यह जाता था कि अगर कोई आदमी साँप को मार रहा हो तो अपने मरने से पहले वह साँप, अन्तिम बार, अपने हत्यारे के चेहरे को पूरी तरह से, बहुत गौर से देखता है। आदमी उसकी हत्या कर रहा होता है और साँप टकटकी बाँधकर उस आदमी के चेहरे की एक-एक बारीकी को अपनी आँख के भीतरी परदे में दर्ज कर रहा होता है। साँप की मृत्यु के बाद साँप की आँख के भीतरी परदे पर उस आदमी का चित्र स्पष्ट दर्ज हो जाता है।

बाद में, आदमी के जाने के बाद, उस साँप का दूसरा जोड़ा जाकर उस मरे हुए साँप के भीतर झाँकता है और इस तरह वह हत्यारा पहचान लिया जाता है। सारे

साँप उसे पहचानने लगते हैं। फिर वह कहीं भी चला जाये, उससे बदला लेने की फिराक में वे रहते हैं। हर साँप उसका शत्रु होता है।

मुझे शक था कि मरे हुए तिरिछ की आँख के भीतरी परदे पर पिताजी का चेहरा दर्ज होगा। कोई दूसरा तिरिछ आकर उस लाश की आँख में से झाँकेगा और पिताजी वहाँ पहचान लिए जायेंगे। मेरे भीतर इस बात को लेकर बेचैनी पैदा हुई कि पिताजी ने यह सतर्कता क्यों नहीं बरती? उन्हें तिरिछ को मारने के साथ ही किसी पत्थर से उसकी दोनों आँखों को कुचलकर फोड़ देना चाहिये था। लेकिन अब क्या हो सकता था? पिताजी शहर जा चुके थे और मेरे सामने उलझन और चुनौती थी कि गाँव के पास फैले इतने बड़े जंगल में जिस जगह तिरिछ को मारकर उन्होंने छोड़ा था, वह जगह मैं खोज निकालूँ।

मैं थानू के साथ बोतल में मिट्टी का तेल, दियासलाई और डंडा लेकर जंगल में तिरिछ की खोज में भटकता रहा। मैं उसे अच्छी तरह से पहचानता था। बहुत अच्छी तरह। थानू निराश था।

फिर, मुझे अचानक ही लगने लगा कि इस जंगल को मैं अच्छी तरह से जानता हूँ। एक-एक पेड़ मेरा परिचित निकलने लगा। इसी जगह से कई बार सपने में मैं तिरिछ से बचने के लिये भागा था। मैंने गौर से हर तरफ देखा–बिलकुल यही वह जगह थी। मैंने थानू को बताया कि एक सँकरा-सा नाला इस जगह से कितनी दूर दक्षिण की तरफ बहता है। नाले के ऊपर जहाँ बड़ी-बड़ी चट्टाने हैं, वहाँ कीकर का एक बहुत पुराना पेड़ है जिस पर बड़े-बड़े शहद के छत्ते हैं। उन्हें देखकर लगता है कि वे कई शताब्दियों पुराने हैं। उस भूरे रंग की चट्टान को जानता था जो बरसात भर नाले के पानी में आधी डूबी रहती थी और बारिश के बीतने के बाद जब बाहर निकलती थी तो उसकी खोहों में कीचड़ भर जाती थी और अजीब-अजीब वनस्पतियाँ वहाँ से उग आती थीं। चट्टान के ऊपर हरी काई की एक पर्त-सी जम जाती थी। इसी चट्टान की सबसे ऊपरवाली दरार में तिरिछ रहता था। थानू इस बात को मेरी कल्पना मान रहा था।

लेकिन बहुत जल्द हमें वह नाला मिल गया। कीकर का वह बूढ़ा पेड़ भी, जिस पर शहद के छत्ते थे और वह चट्टान भी। तिरिछ की लाश चट्टान से जरा हटकर, जमीन पर, घास के ऊपर चित पड़ी हुई थी। बिलकुल यह वही तिरिछ था। मेरे भीतर हिंसा और उत्तेजना और खुशी की एक सनसनी दौड़ रही थी।

थानू ने और मैंने सूखे पत्ते और लकड़ियाँ इकट्ठी कीं, खूब सारा मिट्टी का तेल उसमें डाला और आग लगा दी। तिरिछ उसमें जल रहा था। उसके जलने की चिरायंध गंध हवा में फैल रही थी। मेरा मन जोर से चिल्लाने को हुआ लेकिन मैं डरा कि कहीं मैं जाग न जाऊँ और यह सब कुछ सपना न साबित हो जाय। मैंने थानू की ओर देखा। वह रो रहा था। वह मेरा बहुत अच्छा दोस्त था।

मेरे सपनों में इसी जगह से निकलकर उस तिरिछ ने कई बार मेरा पीछा करना शुरू किया था। आश्चर्य था कि इतने लम्बे अरसे से उसके अड्डे को इतनी अच्छी तरह से जानने से बावजूद कभी दिन में आकर मैंने उसे मारने की कोई कोशिश नहीं की थी।

मैं आज बेतहाशा खुश था।

पंडित राम औतार ने बतलाया था कि ट्रैक्टर ने पौने दस बजे के लगभग शहर का चुंगी नाका पार किया था। वहाँ उन्हें नाके का टोल टैक्स चुकाने के लिये कुछ देर रुकना भी पड़ा था। वहाँ पर पिताजी ट्रैक्टर से उतरकर पेशाब करने गये थे। लौटने पर उन्होंने बताया था कि उनका सिर कुछ घूम-सा रहा है, तब तक पिताजी को धतूरे का काढ़ा पिये हुए तकरीबन डेढ़ घंटा हो चुका था। ट्रैक्टर ने पिताजी को शहर में दस बजकर पाँच-सात मिनट के आसपास छोड़ दिया था। ट्रैक्टर में ही बैठे पलड़ा गाँव के मास्टर नन्दलाल का कहना था कि जब शहर में, मिनर्वा टाकीज के पास वाले चौराहे पर पिताजी को ट्रैक्टर से उतारा गया, तब उन्होंने शिकायत की थी कि उनका गला कुछ सूख-सा रहा है। वे थोड़ा परेशान भी थे क्योंकि अदालत जाने का रास्ता उन्हें मालूम नहीं था और शहर के लोगों से पूछ-पूछकर कहीं जाने में उन्हें बहुत तकलीफ होती थी।

पिताजी के साथ एक दिक्कत यह भी थी कि गाँव या जंगल की पगडंडियाँ तो उन्हें याद रहती थीं, शहर की सड़कों को वे भूल जाते थे। शहर वे बहुत कम जाते थे। जाना ही पड़े तो अन्तिम समय तक वे टालते रहते थे, तब तक, जब तक जाना बिलकुल ही जरूरी न हो जाये। कई बार तो ऐसा भी हुआ कि पिताजी सारा सामान लेकर शहर के लिये रवाना हुए और बस अड्डे से लौट आये। बहाना यह कि बस छूट गयी। जबकि हम सब जानते थे कि ऐसा नहीं हुआ होगा। पिताजी ने बस को देखा होगा, फिर वे कहीं बैठ गये होंगे—पेशाब करने या पान खाने। फिर उन्होंने देखा होगा कि बस छूट रही है। उन्होंने जरा-सा और इन्तजार किया होगा। जब बस ने रफ्तार पकड़ ली होगी—तब वे कुछ दूर तक दौड़े होंगे। फिर उनके कदम धीमे पड़ गये होंगे और अफसोस और गुस्सा प्रकट करते वे लौट आये होंगे। ऐसा करते हुए उन्हें स्वयं भी लगा होगा कि बस सचमुच छूट गयी है। ऐसे में, जबकि हम मान चुके होते कि वे शहर जा चुके हैं, वे लौटकर हमें चकित कर देते।

ट्रैक टर से मिनर्वा टाकीज के पास वाले चौराहे पर, सिंध वाच कंपनी के ठीक सामने लगभग दस बज कर सात मिनट पर उतरने के बाद से लेकर शाम छह बजे तक पिताजी के साथ शहर में जो कुछ भी हुआ, उसका सिर्फ एक धुँधला-सा अनुमान ही लगाया जा सकता है। यह जानकारी भी कुछ लोगों से बातचीत और पूछताछ के बाद मिली है। किसी की भी मृत्यु के बाद, अगर वह मृत्यु बहुत आकस्मिक और अस्वाभाविक ढंग से हुई हो, ऐसी जानकारियाँ मिल ही जाती हैं। उस दिन, बुधवार

17 मई, 1972 को सुबह दस-दस से लेकर शाम छह बजे तक, लगभग पौने आठ घंटे में पिताजी कहाँ-कहाँ गये उनके साथ क्या-क्या हुआ, इसका बहुत सही और विस्तृत ब्यौरा तो मिलना मुश्किल है। जो सूचनाएँ या जानकारियाँ बाद में मिलीं, उनके जरिये उन घटनाओं का सिर्फ अनुमान ही लगाया जा सकता है।

जैसा कि पलड़ा गाँव के मास्टर नन्दलाल का कहना था कि जब पिताजी ट्रैक्टर से उतरे, तभी उन्होंने गला सूखने की शिकायत की थी। इसके पहले चुंगी नाका के पास, जब पेशाब करके पिताजी लौटे थे तो उन्होंने सिर घूमने की बात की थी। यानी पिताजी पर धतूरे के बीजों के काढ़े का असर होना शुरू हो गया था। वैसे भी शहर पहुँचने तक पिताजी को काढ़ा पिये हुए लगभग दो घंटे हो चुके थे। मेरा अनुमान है कि उस समय पिताजी को प्यास बहुत लगी होगी। गला भिगोने के लिये वे किसी होटल या ढाबे की तरफ गये भी होंगे, लेकिन जैसा कि मुझे उनके स्वभाव के बारे में पता है, वे वहाँ कुछ देर खड़े रहे होंगे और फिर एक गिलास पानी माँगने का फैसला न कर सके होंगे। एक बार उन्होंने बताया भी था कि कुछ साल पहले गर्मियों के दिनों में जब उन्होंने किसी होटल में पानी माँगा था, तो वहाँ काम करने वाले नौकर ने उन्हें गाली दी थी। पिताजी बहुत संवेदनशील थे इसलिए उन्होंने अपनी प्यास को दबाया होगा और वे वहाँ से चल पड़े होंगे।

सवा दस से लेकर लगभग ग्यारह बजे के बीच, पैंतालीस मिनट तक पिताजी कहाँ-कहाँ गये, इसकी कोई जानकारी कहीं से नहीं मिलती। इस बीच ऐसी कोई खास घटना भी नहीं हुई, जिससे कोई कुछ कह सके। फिर शहर नें सड़क पर आते-जाते लोगों में से किसी ने उन पर ध्यान दिया हो, उन्हें देखा हो, इसका पता लगाना भी मुश्किल है। वैसे मेरा अपना अन्दाजा है कि इस बीच पिताजी ने कुछ लोगों से अदालत जाने का रास्ता पूछा होगा और उनके दिमाग में यह बात भी रही होगी कि वहाँ पहुँचकर वे अपने वकील एस.एन. अग्रवाल से पानी माँग लेंगे। लेकिन उनके पूछने पर या तो लोग चुप रह कर तेजी से आगे बढ़ गये होंगे या किसी ने इतनी बौखलाहट और जल्दबाजी में उन्हें कुछ बताया होगा, जो पिताजी ठीक से समझ नहीं सके होंगे और सिर्फ अपमानित, दुखी और परेशान होकर रह गये होंगे। शहर में ऐसा होता ही है।

वैसे बीच के पौन घंटे के बारे में मेरा अपना अनुमान है कि इस बीच पिताजी पर काढ़े का असर काफी बढ़ गया होगा। मई की धूप और प्यास ने इस असर को और भी तेज, और भी गहरा कर दिया होगा। उनके पैर लड़खड़ाने भी लगे होंगे और बहुत सम्भव है कि एकाध बार, इस बीच, उन्हें चक्कर भी आ गये हों।

पिताजी ग्यारह बजे, शहर में, देशबन्धु मार्ग पर स्थित स्टेट बैंक ऑफ इंडिया की इमारत में घुसे थे। वे वहाँ क्यों गये, इनकी वजह ठीक-ठीक समझ में नहीं आती। वैसे हमारे गाँव का रमेश दत्त शहर में भूमि विकास सहकारी बैंक में क्लर्क है। हो

सकता है पिताजी के दिमाग में सिर्फ बैंक रहा हो और वहाँ से गुजरते हुए अचानक उन्होंने स्टेट बैंक लिखा हुआ देखा हो और वे उधर घूम गये हों। उन्होंने अब तक पानी नहीं पिया था इसलिए उन्होंने सोचा होगा कि वे रमेश दत्त से पानी भी माँग लेंगे, अदालत जाने का रास्ता भी पूछ लेंगे और बता सकेंगे कि उनका सिर घूम-सा रहा है, यह भी कि कल शाम उन्हें तिरिछ ने काटा था। स्टेट बैंक के कैशियर अग्निहोत्री के अनुसार वह उस समय कैश रजिस्ट्री चेक कर रहा था। उसकी मेज पर लगभग अट्ठाइस हजार रुपयों की गड्डियाँ रखी हुई थीं। उस वक्त ग्यारह से दो-तीन मिनट ऊपर हुए होंगे, तभी पिताजी वहाँ आये। उनके चेहरे पर धूल लगी हुई थी, चेहरा डरावना था और अचानक ही उन्होंने जोर से कुछ कहा था। अग्निहोत्री का कहना था कि मैं अचानक डर गया। अमूमन ऐसे लोग बैंक के इतने भीतर, कैशियर की टेबिल तक नहीं पहुँच पाते। अग्निहोत्री का कहना यह भी था कि अगर वह पिताजी को एकाध मिनट पहले से अपनी ओर आता हुआ देख लेता, तब शायद न डरता। लेकिन हुआ यह कि वह पूरी तरह से कैश रजिस्टर के हिसाब-किताब में डूबा हुआ था, तभी अचानक ही पिताजी ने आवाज निकाली और सिर उठाते ही उन्हें देखकर वह डर गया और चीख पड़ा। उसने घंटी भी बजा दी।

बैंक के चपरासियों, दो चौकीदारों और दूसरे कर्मचारियों के अनुसार अचानक ही कैशियर की चीख और घंटी की आवाज से वे सब लोग चौंक गये और उस तरफ दौड़े, तब तक नेपाली चौकीदार थापा ने पिताजी को दबोच लिया था और मारता हुआ कॉमन रूप की तरफ ले जा रहा था। एक चपरासी रामकिशोर, जिसकी उम्र पैंतालीस के आसपास थी, ने कहा कि उसने समझा कि कोई शराबी दफ्तर में घुस आया है, या पागल और चूँकि उसकी ड्यूटी बैंक के मुख्य दरवाजे पर थी इसलिये ब्रांच मैनेजर उसे चार्जशीट कर सकता था। लेकिन हुआ यह कि जब पिताजी को मारा जा रहा था, तभी उन्होंने अँग्रेजी में कुछ बोलना शुरू कर दिया। इसी वजह से चपरासियों का शक बढ़ गया। इसी बीच शायद असिस्टेंट ब्रांच मैनेजर मेहता ने यह कह दिया कि इस आदमी की अच्छी तरह से तलाशी ले लेना, तभी बाहर निकलने देना। वैसे चपरासी रामकिशोर का कहना था कि पिताजी का चेहरा अजीब तरह से डरावना हो गया था। उस पर धूल जमा हो गयी थी ओर उल्टी की बास आ रही थी। बैंक के चपरासियों ने पिताजी को ज्यादा मारने-पीटने की बात से इनकार किया, लेकिन बैंक के बाहर, ठीक दरवाजे के पास जो पान की दुकान है, उसमें बैठने वाले बुन्नू का कहना था कि जब साढ़े ग्यारह बजे के आसपास पिताजी बैंक से बाहर आये तो उनके कपड़े फटे हुए थे और निचला होंठ कट गया था, जहाँ से खून निकल रहा था। आँखों के नीचे सूजन और कत्थई चकत्ते थे। ऐसे चकत्ते बाद में बैंगनी या नीले पड़ जाते हैं।

इसके बाद, यानी साढ़े ग्यारह बजे से लेकर एक बजे के बीच पिताजी कहाँ-कहाँ गये, इसके बारे में कोई जानकारी नहीं मिलती। हाँ, स्टेट बैंक के बाहर पान की

दुकान लगानेवाले बुन्नू ने एक बात बतायी थी हालाँकि इस बारे में वह पूरी तरह स्पष्ट नहीं था, या हो सकता है कि स्टेट बैंक के कर्मचारियों से डर की वजह से वह साफ-साफ बतलाने से कतरा रहा हो। बुन्नू ने बतलाया था कि स्टेट बैंक से बाहर निकलने पर शायद (वह 'शायद' पर बहुत जोर डाल रहा था) पिताजी ने कहा था कि उनके रुपये और कागजात बैंक के चपरासियों ने छीन लिये हैं। लेकिन बुन्नू का कहना था कि हो सकता है पिताजी ने कोई और बात कही हो, क्योंकि वे ठीक से बोल नहीं पा रहे थे, उनका निचला होंठ काफी कट गया था, मुँह से लार भी बह रही थी और उनका दिमाग सही नहीं था।

मेरा अपना अन्दाजा है कि इस समय तक पिताजी पर काढ़े का असर बहुत ज्यादा हो चुका था। हालाँकि पंडित राम औतार इस बात से इनकार करते हैं। उनका कहना था कि धतूरे के बीज तो होली के दिनों में भाँग के साथ भी घोटे जाते हैं, लेकिन कभी ऐसा नहीं होता कि आदमी पूरी तरह से पागल हो जाय। पंडित राम औतार का मानना है कि या तो तिरिछ का जहर उस समय पिताजी के शरीर में चढ़ना शुरू हो गया था और उसका नशा उनके दिमाग तक पहुँचने लगा था या फिर बहुत सम्भव है कि जब स्टेट बैंक में पिताजी को थापा चौकीदार और चपरासियों ने मारा-पीटा था तब उनके सिर के पीछे की तरफ कोई चोट लग गयी हो और उस धक्के से उनका दिमाग सनक गया हो। लेकिन मुझे लगता है कि उस समय तक पिताजी को थोड़ा-बहुत होश था और वे पूरी कोशिश कर रहे थे कि किसी तरह वे शहर से बाहर निकल जायें। शायद रुपये और अदालत के कागजात बैंक में छिन जाने की वजह से उन्होंने सोचा हो कि अब यहाँ रहने का कोई मतलब भी नहीं है। उन्होंने शायद एकाध बार सोचा भी होगा कि वापस स्टेट बैंक जाकर अपने कागजात तो कम से कम माँग लायें। फिर ऐसा करने की उनकी हिम्मत नहीं पड़ी होगी। वे डर गये होंगे। उन्हें उनके जीवन में पहली बार इस तरह से मारा गया था, इसलिए वे ठीक से सोच पाने में सफल नहीं हो पा रहे होंगे। उनका शरीर बहुत दुबला था और बचपन से ही उन्हें एपेंडिसाइटिस की शिकायत थी। यह भी हो सकता है कि उस वक्त तक उन पर काढ़े का असर इतना ज्यादा हो गया हो कि वे एक चीज पर देर तक सोच ही नहीं पा रहे हों और दिमाग में हर पल पैदा होने वाले, छोटे-छोटे बुलबुलों जैसे विचारों या नये-नये झटकों के वश में आकर इधर से उधर चल पड़ते रहे हों। लेकिन मैं यह जानता हूँ, मुझे अच्छी तरह से महसूस होता है कि उनके दिमाग में घर लौट आने और शहर से बाहर निकल जाने की बात—एक स्थायी, बार-बार कहीं अँधेरे से उभरने वाली, भले ही बहुत क्षीण और बहुत धुँधली बात—जरूर रही होगी।

पिताजी लगभग सवा बजे शहर के पुलिस थाना पहुँचे थे। थाना शहर के बाहरी छोर पर सर्किट हाउस के पास बने विजय स्तम्भ के पास है। आश्चर्य यह है कि

थाने से बमुश्किल एक किलोमीटर दूर अदालत भी है। अगर पिताजी चाहते तो यहाँ से पैदल ही दस मिनट में अदालत पहुँच सकते थे। समझ में यह नहीं आता कि पिताजी अगर यहाँ तक पहुँचे थे, क्या तब तक उनके दिमाग में अदालत जाने की बात रह भी गयी थी? उनके कागजात तो रह नहीं गये थे।

थाने के एस.एच.ओ. राघवेन्द्र प्रताप सिंह ने कहा कि उस वक्त एक बजकर पन्द्रह मिनट हुए थे। वे घर से लाये गये टिफिन को खोलकर लंच लेने की तैयारी कर रहे थे। आज टिफिन में पराँठों के साथ करेले रखे हुए थे। करेले वे खा नहीं पाते और इसी उलझन में थे कि अब क्या करें। तभी पिताजी वहाँ आये थे। उनके शरीर पर कमीज नहीं थी, पैंट फटी हुई थी। लगता था कि वे कहीं गिरे होंगे या किसी वाहन ने उन्हें टक्कर मारी होगी। थाने में उस वक्त एक ही सिपाही गजाधर प्रसाद शर्मा मौजूद था। सिपाही का कहना था कि उसने सोचा कि शायद कोई भिखमंगा थाने में घुस आया है। उसने आवाज भी दी लेकिन पिताजी तब तक एस.एच.ओ. राघवेन्द्र प्रताप सिंह की टेबिल तक पहुँच चुके थे। एस.एच.ओ. ने कहा कि करेलों की वजह से वैसे भी उनका मूड ऑफ था। तेरह साल के विवाहित जीवन के बावजूद पत्नी यह नहीं जान पायी थी कि उन्हें कौन-सी चीजें बिलकुल नापसन्द हैं, इतनी नापसन्द कि वे उन चीजों से घृणा करते हैं। उन्होंने जैसे ही निवाला मुँह में रखा, पिताजी बिलकुल उनके करीब पहुँच गये। पिताजी के चेहरे और कन्धों के नीचे उलटी लगी हुई थी और उसकी बहुत तेज गंध उठ रही थी। एस.एच.ओ. ने पूछा कि क्या बात है। तो जवाब में पिताजी ने जो कुछ कहा उसे समझना बहुत मुश्किल था। एस.एच.ओ. राघवेन्द्र सिंह बाद में पछता रहे थे कि अगर उन्हें मालूम होता कि यह आदमी बकेली ग्राम का प्रधान और भूतपूर्व अध्यापक है तो वे उसे थाने में ही कम-से-कम दो-चार-घंटे बिठा लेते। बाहर न जाने देते। लेकिन उस समय उन्हें लगा कि यह कोई पागल है और उन्हें खाते हुए देखकर यहाँ तक घुसा आया है इसीलिए उन्होंने सिपाही गजाधर शर्मा को गुस्से में आवाज दी। सिपाही पिताजी को घसीटता हुआ बाहर ले गया। गजाधर शर्मा का कहना था कि उसने पिताजी के साथ कोई मार-पीट नहीं की और उसने देखा था कि जब वे थाने आये थे तब उनका निचला होंठ कटा था। ठुड्डी पर कहीं रगड़ा खाकर गिरने से खरोंच के निशान थे और कुहनियाँ छिली हुई थीं। वे कहीं न कहीं गिरे जरूर थे।

यह कोई नहीं जानता कि थाने से निकलकर लगभग डेढ़ घंटे पिताजी कहाँ-कहाँ भटकते रहे। सुबह दस बजकर सात मिनट पर, जब वे शहर आये थे और मिनर्वा टाकीज के पास वाले चौराहे पर ट्रैक्टर से उतरे थे, तब से लेकर अब तक उन्होंने कहीं पानी पिया था या नहीं, इसे जानना मुश्किल है। इसकी सम्भावना भी कम ही बनती है। हो सकता है, तब तक उनका दिमाग इस काबिल न रह गया हो कि वे प्यास को भी याद रख सकें। लेकिन अगर वे पुलिस थाने तक पहुँचे तो उनके

मस्तिष्क में, नशे के बावजूद, कहीं बहुत कमजोर-सा, अँधेरे में डूबा यह खयाल रहा होगा कि वे किसी तरह अपने गाँव जाने का रास्ता वहाँ पूछ लें, या उस ट्रैक्टर का पता पूछें या फिर अपने रुपये और अदालती कागजात छिन जाने की रिपोर्ट वहाँ लिखा दें। यह सोचने के करीब पहुँचना ही बुरी तरह से बेचैन कर डालने वाला है कि उस समय पिताजी सिर्फ तिरिछ के जहर और धतूरे के नशे के खिलाफ ही नहीं लड़ रहे थे, बल्कि हमारे मकान को बचाने की चिन्ता भी कहीं न कहीं उनके नशे की नींद में से बार-बार सिर उठा रही थी। शायद उन्हें अब तक यह लगने लगा हो कि यह सब कुछ जो हो रहा है, सिर्फ एक सपना है, पिताजी इससे जागने और बाहर निकलने की कोशिश भी करते रहे होंगे।

सवा दो बजे के आस-पास पिताजी को शहर के बिलकुल उत्तरी छोर पर बसी सबसे सम्पन्न कॉलोनी—इतवारी कॉलोनी में घिसटते हुए देखा गया था। यह कॉलोनी सर्राफा के जौहरियों, पी.डब्ल्यू.डी. के बड़े ठेकेदारों और रिटायर्ड अफसरों की कॉलोनी थी। कुछ समृद्ध पत्रकार-कवि भी वहीं रहते थे। यह कॉलोनी हमेशा शान्त और घटनाहीन रहती थी। जिन लोगों ने यहाँ पिताजी को देखा था, उन्होंने बताया कि उस वक्त तक उनके शरीर पर सिर्फ एक पट्टेदार जाँघिया बचा था, जिसका नाड़ा शायद टूट गया था और वे उसे अपने बायें हाथ से बार-बार सम्भाल रहे थे। जिसने भी उन्हें वहाँ देखा, उसने यही समझा कि कोई पागल है। कुछ ने कहा कि वे बीच-बीच में खड़े होकर जोर-जोर से गालियाँ बकने लगते थे। बाद में, उसी कॉलोनी में रहने वाले एक रिटायर्ड तहसीलदार सोनी साहब और शहर के सबसे बड़े अखबार के विशेष संवाददाता और कवि सत्येन्द्र थपलियाल ने बताया कि उन्होंने पिताजी के बोलने को ठीक से सुना था और दरअसल वे गालियाँ नहीं बक रहे थे, बल्कि बार-बार कह रहे थे—"मैं रामस्वारथ प्रसाद, एक्स स्कूल हेड मास्टर...एंड विलेज हेड ऑफ...ग्राम बकेली...!" कवि पत्रकार थपलियाल साहब ने दुख जाहिर किया। दरअसल उसी समय वे अमरीकी दूतावास की किसी खास पार्टी में संगीत सुनने दिल्ली जा रहे थे इसलिए जल्दबाजी में वे चले गये। हाँ, तहसीलदार सोनी साहब का कहना था कि "मुझे उस आदमी पर बहुत तरस आया और मैंने लड़कों को डाँटा भी। लेकिन दो-तीन लड़कों ने कहा कि यह आदमी रामरतन सर्राफ की बीवी और साली पर हमला करने वाला था।" तहसीलदार ने कहा कि ऐसा सुनने के बाद उन्हें भी लगा कि हो सकता है यह कोई बदमाश हो और नाटक कर रहा हो। लड़के उन्हें तंग करने में लगे थे और पिताजी बीच-बीच में जोर-जोर से बोलते थे, "मैं रामस्वारथ प्रसाद...एक्स स्कूल हेडमास्टर..."

अगर हिसाब लगाया जाय तो मिनर्वा टॉकीज के पास वाला चौराहा, जहाँ पिताजी ट्रैक्टर से सुबह दस बजकर सात मिनट पर उतरे थे, वहाँ से लेकर देशबन्धु मार्ग का स्टेट बैंक, फिर विजय स्तम्भ के पास का थाना और शहर के बाहर उत्तरी

छोर पर बसी इतवारी कालोनी को मिलाकर वे अब तक लगभग तीस-बत्तीस किलोमीटर की दूरी तक भटक चुके थे। ये जगहें ऐसी हैं जो एक ही दिशा में नहीं हैं। इसका मतलब यह हुआ कि पिताजी की दिमागी हालत यह थी कि उन्हें ठीक-ठीक कुछ सूझ नहीं रहा था। वे अचानक ही, किसी भी तरफ चल पड़ते थे। जहाँ तक सर्राफ की पत्नी और साली पर उनके हमला करने की बात है, जिसे थपलियाल साहब सच मानते हैं, मेरा अपना अनुमान है कि पिताजी उनके पास या तो पानी माँगने गये होंगे या बकेली जाने वाली सड़क के बारे में पूछने। उस एक पल के लिये पिताजी को होश जरूर रहा होगा। लेकिन इस हुलिये के आदमी को अपने इतना करीब देखकर वे औरतें डरकर चीखने लगी होंगी। वैसे, पिताजी की दाहिनी आँख के ऊपर भौंह पर जो चोट लगी थी और जिसका खून रिसकर उनकी आँख पर आने लगा था, वह चोट उनको इतवारी कॉलोनी में ही लगी थी, क्योंकि बाद में लोगों ने बताया कि लड़के उन्हें बीच-बीच में ढेले मार रहे थे।

वह जगह इतवारी कॉलोनी से बहुत दूर नहीं है, जिस जगह पिताजी को सबसे ज्यादा चोटें लगीं। नेशनल रेस्टोरेंट नाम के एक सस्ते से ढाबे के सामने की खाली जगह पर पिताजी घिर गये थे। इतवारी कॉलोनी से लड़कों का जो झुंड उनके पीछे पड़ गया था, उसमें कुछ बड़ी उम्र के लड़के भी शामिल हो गये थे। नेशनल रेस्टोरेंट में काम करने वाले नौकर सत्ते का कहना था कि पिताजी ने गलती यह की थी कि एक बार उन्होंने गुस्से में आकर भीड़ पर ढेले मारने शुरू कर दिये थे। शायद उन्हीं का एक बड़ा-सा ढेला सात-आठ साल के लड़के विकी अग्रवाल को लग गया था, जिसे बाद में कई टाँके लगे थे। सत्ते का कहना था कि इसके बाद झुंड ज्यादा खतरनाक हो गया था। वे हल्ला मचा रहे थे और चारों तरफ से पिताजी पर पत्थर मार रहे थे। ढाबे के मालिक सरदार सतनाम सिंह ने बताया कि उस वक्त पिताजी के जिस्म पर सिर्फ पट्टेवाली एक चड्डी थी, दुबले शरीर की हड्डियाँ और छाती के सफेद बाल दिख रहे थे। पेट पिचका हुआ था। वे धूल और मिट्टी में लिथड़े हुए थे, सिर को सफेद बाल बिखर गये थे, दाहिनी आँख के ऊपर से और निचले होंठ से खून बह रहा था। सतनाम सिंह ने दुख और पछतावे के साथ कहा—'मेरे को क्या मालूम था कि यह आदमी सीधा-सादा, इज्जतदार, साख-रसूख का इन्सान है। और नसीब के फेर में इसकी ये हालत हो गयी है।' वैसे ढाबे में कप-प्लेट धोने वाले नौकर हरी का कहना था कि बीच-बीच में पिताजी भीड़ को अंड-बंड गालियाँ दे-देकर ढेले मारने लगते थे—'आओ ससुरो, ...आओ...एक-एक को मार डालूँगा भोसड़ीवालो...तुम्हारी माँ की...' लेकिन मुझे सन्देह है कि पिताजी ने ऐसी कोई गाली दी होगी। हमने कभी भी उन्हें गाली देते नहीं सुना था।

मैं पूरे विश्वास के साथ कह सकता हूँ, क्योंकि पिताजी को मैं बहुत अच्छी तरह से जानता हूँ कि, इस समय तक, उन्हें कई बार लगा होगा कि उनके साथ जो कुछ

हो रहा है, वह वास्तविकता नहीं है, एक सपना है। पिताजी को ये सारी घटनाएँ ऊल-जलूल, ऊटपटाँग और बेमतलब लगी होंगी। वे इस सब पर अविश्वास करने लगे होंगे। उन्होंने सोचा होगा कि यह सब क्या बकवास है? वे तो गाँव से शहर आये ही नहीं हैं, उन्हें किसी तिरिछ ने नहीं काटा है। बल्कि तिरिछ तो होता ही नहीं है, एक मनगढ़ंत और अंधविश्वास है...और धतूरे का काढ़ा पीने की बात तो हास्यास्पद है, वह भी एक तेली के खेत में उसका पौधा खोजकर! उन्होंने सोचा होगा और पाया होगा कि भला उन पर कोई मुकदमा क्यों चलेगा? उन्हें अदालत जाने की क्या जरूरत है?

मैं जानता हूँ कि सुरंग जैसा लम्बा, सम्मोहक लेकिन डरावना सपना जैसा मुझे आता था, पिताजी को भी आता रहा होगा। मेरी और उनकी बहुत-सी बातें बिलकुल मिलती-जुलती थीं। मुझे लगता है कि इस समय तक पिताजी पूरी तरह से मान चुके होंगे कि यह जो कुछ हो रहा है, सब झूठ और अवास्तविक है। इसीलिए वे बार-बार उस सपने से जागने की कोशिश भी करते रहे होंगे। अगर वे बीच-बीच में जोर-जोर से कुछ बोलने लगते थे, या शायद गालियाँ बकने लगते थे, तो इसी कठिन कोशिश में, कि वे उस आवाज के सहारे उस दुःस्वप्न से बाहर निकल आयें। नेशनल रेस्टोरेंट के नौकरों और मालिक सरदार सतनाम सिंह ने जैसा बताया था, उसके अनुसार, उस जगह पर पिताजी को बहुत चोटें आयी थीं। उनकी कनपटी, माथे, पीठ और शरीर के दूसरे हिस्सों पर कई ईंटें और ढेले आकर लग गये थे। सड़क का ठेका लेने वाले ठेकेदार अरोड़ा के बीस-बाइस साल के लड़के संजू ने उन्हें दो-तीन बार लोहे की रॉड से भी मारा था। सत्ते का तो कहना था कि इतनी चोटों से कोई भी आदमी मर सकता था।

मुझे यह सोचकर एक अजीब-सी राहत मिलती है और मेरी फँसती हुई साँसें फिर से ठीक हो जाती हैं कि उस समय पिताजी को कोई दर्द महसूस नहीं होता रहा होगा; क्योंकि वे अच्छी तरह से, पूरी तार्किकता और गहराई के साथ विश्वास करने लग गये होंगे कि यह सब सपना है और जैसे ही वे जागेंगे, सब ठीक हो जायेगा। आँख खुलते ही आँगन बुहारती माँ नजर आ ए गी या नीचे फर्श पर सोते हुए मैं और छोटी बहन दिख जायेंगे...या गौरइयों का झुंड...हो सकता है कि उन्हें बीच-बीच में अपने इस अजीबो-गरीब सपने पर हँसी भी आयी हो।

अगर पिताजी ने गुस्से में लड़कों की तरफ भी ढेले मारने शुरू कर दिये तो इसके पीछे पहली वजह तो यही थी कि उन्हें यह बहुत अच्छी तरह से पता था कि ये ढेले सपने के भीतर जा रहे हैं और इससे किसी को क ई चोट नहीं आयेगी। यह भी हो सकता है कि पूरी ताकत से ढेला मार कर वे उत्सुक्ता और बेचैनी से यह इन्तजार करते रहे हों कि जैसे ही वह जाकर किसी लड़के के सिर से टकरायेगा, उसका माथा नष्ट होगा और एक ही झटके में इस दुःस्वप्न के टुकड़े-टुकड़े बिखर जायेंगे और चारों

ओर से वास्तविक संसार की बेतहाशा रोशनी अन्दर आने लगेगी। उनका जोर-जोर से चीखना भी दरअसल गुस्से के कारण नहीं था, वे असल में मुझे, छोटी बहन को, माँ को या किसी को भी पुकार रहे थे कि अगर वे अपने आप इस सपने में जाग पाने में सफल न भी हो पायें, तब भी कोई भी आकर उन्हें जगा दे।

एक सबसे बड़ी विडम्बना भी इसी बीच हुई। हमारे गाँव की ग्राम पंचायत के सरपंच और पिताजी के बचपन के पुराने दोस्त पंडित कंधई राम तिवारी लगभग साढ़े तीन बजे नेशनल रेस्टोरेंट के सामने, सड़क से गुजरे थे। वे रिक्शे पर थे। उन्हें अगले चौराहे से बस लेकर गाँव लौटना था। उन्होंने उस ढाबे के सामने इकट्ठी भीड को भी देखा और उन्हें यह पता भी चल गया कि वहाँ पर किसी आदमी का मारा जा रहा है। उनकी यह इच्छा भी हुई कि वहाँ जाकर देखें कि आखिर मामला क्या है? उन्होंने रिक्शा रुकवा भी लिया। लेकिन उनके पूछने पर किसी ने कहा कि कोई पकिस्तानी जासूस पकड़ा गया है जो पानी की टंकी में जहर डालने जा रहा था, उसे ही लोग मार रहे हैं। ठीक इसी समय पंडित कंधई राम को गाँव जाने वाली बस आती हुई दिखी और उन्होंने रिक्शे वाले से अगले चौराहे तक जल्दी-जल्दी रिक्शा बढ़ाने के लिये कहा। गाँव जाने वाली यह आखिरी बस थी। अगर उस बस के आने में तीन-चार मिनट की भी देरी हो जाती तो वे निश्चित ही वहाँ जाकर पिताजी को देखते और उन्हें पहचान लेते। राज्य परिवहन की वह बस हमेशा आधा-पौना घंटा लेट रहा करती थी, लेकिन उस दिन, संयोग से वह बिलकुल सही समय पर आ रही थी।

सतनाम सिंह का कहना था कि वह भीड़ नेशनल रेस्टोरेंट के सामने से तब हटी और लोग तितर-बितर हुए जब बड़ी देर तक पिताजी जमीन से उठे ही नहीं। ईंट का एक बड़ा-सा ढेला उनकी कनपटी पर आकर लगा था। उनके मुँह से खून आना शुरू हो गया था। सिर में भी चोटें थीं। सतनाम ने बताया कि जब पिताजी बहुत देर तक नहीं हिले-डुले तो लड़कों के झुंड में से किसी ने कहा कि लगता है, यह मर गया। जब भीड़ छँटने के दस-पन्द्रह मिनट बाद भी पिताजी नहीं हिले-डुले तो सतनाम सिंह ने सत्ते से कहा था कि वह उनके मुँह में पानी के छींटे मार कर देखे कि वे सिर्फ बेहोश हैं तो हो सकता है कि उठ जायें। लेकिन सत्ते पुलिस की वजह से डर रहा था। बाद में सतनाम सिंह ने खुद ही एक बाल्टी पानी उनके ऊपर डाला था। दूर से पानी डालने के कारण जमीन की मिट्टी गीली होकर पिताजी के शरीर से लिथड़ गयी थी।

सरदार सतनाम सिंह और सत्ते, दोनों का कहना था कि लगभग पाँच बजे तक पिताजी उसी जगह पड़े हुए थे। तब तक पुलिस नहीं आयी थी। फिर सतनाम सिंह ने सोचा कि कहीं उसे पंचनामा और गवाही वगैरह में न फँसना पड़ जाये इसलिए उसने ढाबा बन्द कर दिया था और डिलाइट टॉकीज में 'आन मिलो सजना' फिल्म देखने चला गया था।

उस समय लगभग छह बजे थे जब सिविल लाइंस की सड़क की पटरियों पर एक कतार में बनी मोचियों की दुकानों में से एक मोची गनेशवा की गुमटी में पिताजी ने अपना सिर घुसेड़ा। उस समय तक उनके शरीर पर चड्डी भी नहीं रह गयी थी, वे घुटनों के बल किसी चौपाये की तरह रेंग रहे थे। शरीर पर कालिख और कीचड़ लगी हुई थी और जगह-जगह चोटें थीं।

गनेशवा हमारे गाँव के तालाब के पार वाले टोले का मोची है। उसने बताया कि मैं बहुत डर गया और मास्टर साहब को पहचान ही नहीं पाया। उनका चेहरा डरावना हो गया था और चिन्हाई में नहीं आता था। मैं डर कर गुमटी से बाहर निकल आया और शोर मचाने लगा। दूसरे मोचियों के अलावा वहाँ कुछ और लोग भी इकट्ठा हो गये थे। लोगों ने जब गनेशवा की गुमटी के भीतर जाकर झाँका तो गुमटी के अन्दर, उसके सबसे अन्तरे-कोने में, टूटे-फूटे जूतों, चमड़ों के टुकड़ों, रबर और चिथड़ों के बीच पिताजी दुबके हुए थे। उनकी साँसें थोड़ी-बहुत चल रही थीं। उन्हें वहाँ से खींच कर, बाहर, पटरी पर निकाला गया। तभी गनेशवा ने उन्हें पहचान लिया। गनेशवा का कहना था कि उसने पिताजी के कान में कुछ आवाजें भी लगाईं लेकिन वे कुछ बोल नहीं पा रहे थे। बहुत देर बाद उन्होंने 'राम स्वारथ प्रसाद...' और 'बकेली' जैसा कुछ कहा था। फिर चुप हो गये थे।

पिताजी की मृत्यु सवा छह बजे के आसपास हुई थी। तारीख थी 17 मई, 1972। चौबीस घंटे पहले लगभग इसी वक्त उन्हें जंगल में तिरिछ ने काटा था। चौबीस घंटे पहले क्या पिताजी इन घटनाओं और इस मृत्यु का अनुमान कर सकते थे?

पिताजी का शव शहर के मुर्दाघर में पुलिस ने रखवा दिया था। पोस्टमॉर्टम में पता चला था कि उनकी हड्डियों में कई जगह फ्रेक्चर था, दायीं आँख पूरी तरह फूट चुकी थी, कॉलर बोन टूटा हुआ था। उनकी मृत्यु मानसिक सदमे और अधिक रक्तस्राव के कारण हुई थी। रिपोर्ट के अनुसार उनका आमाशय खाली था, पेट में कुछ नहीं था। इसका मतलब यही हुआ कि धतूरे के बीजों का काढ़ा उल्टियों द्वारा पहले ही निकल चुका था।

हालाँकि थानू कहता है कि अब तो यह तय हो गया कि तिरिछ के जहर से कोई नहीं बच सकता। ठीक चौबीस घंटे बाद उसने अपना करिश्मा दिखाया और पिताजी की मृत्यु हुई। पंडित राम औतार भी यही कहते हैं। हो सकता है कि पंडित राम औतार इसलिए ऐसा कहते हों कि वे खुद को विश्वास दिलाना चाहते हों कि धतूरे के काढ़े का पिताजी की मृत्यु से कोई सम्बन्ध नहीं था।

मैं सोचता हूँ, अन्दाजा लगाने की कोशिश करता हूँ कि शायद अन्त में, जब गनेशवा ने अपनी गुमटी के बाहर, पिताजी के कान में आवाज दी होगी तो पिताजी सपने से जाग गये होंगे। उन्होंने मुझे, माँ को और छोटी बहन को देखा होगा—फिर वे दातून लेकर नदी की तरफ चले गये होंगे। नदी के ठंडे पानी से उन्होंने अपना

चेहरा धोया होगा, कुल्ला किया होगा और इस लम्बे दुस्वप्न को वे भूल गये होंगे। उन्होंने अदालत जाने के बारे में सोचा होगा। हम लोगों के मकान की चिन्ता ने उन्हें परेशान किया होगा।

लेकिन मैं अपने सपने के बारे में बताना चाहता हूँ, जो मुझे अक्सर आता है। वह यों है कि मैं खेतों की मेड़, गाँव की पगडंडी से होता हुआ, जंगल पहुँच गया हूँ। मैं रक्सा नाला, कीकर के पेड़ को देखता हूँ। वह भूरी चट्टान वहाँ उसी जगह है, जो सारी बारिश नाले के पानी में डूबी रहती है। मैं देखता हूँ कि तिरिछ की लाश उसके ऊपर पड़ी हुई है। मुझे एक बेतहाशा खुशी अपने घेरे में ले लेती है। आखिर वह मारा गया। मैं पत्थर लेकर तिरिछ को कुचलने लगता हूँ, जोर-जोर से उसे मारता हूँ। मेरे पास थानू मिट्टी का तेल और माचिस लिये खड़ा है। तभी, अचानक ही, मैं पाता हूँ कि मैं उस चट्टान पर नहीं हूँ। थानू भी वहाँ नहीं है, वहाँ कोई जंगल नहीं है बल्कि मैं दरअसल शहर में हूँ। मेरे कपड़े बहुत ही मैले, फटे और चिथड़ों जैसे हो गये हैं। मेरे गालों की हड्डियाँ निकली हैं। बाल बिखरे हैं। मुझे प्यास लगी है और मैं बोलने की कोशिश करता हूँ। शायद मैं बकेली, अपने घर जाने का रास्ता पूछना चाहता हूँ और तभी अचानक चारों ओर शोर उठता है...घंटियाँ बजने लगती हैं...हजारों-हजार घंटियाँ...मैं भागता हूँ।

मैं भागता हूँ...मेरा पूरा शरीर बेदम होने लगता है, फेफड़े फूल जाते हैं। मैं पास-पास कदम रख कर अचानक लम्बी-लम्बी छलाँगें लगाता हूँ, उड़ने की कोशिश करता हूँ। लेकिन भीड़, लगता हैं मेरे पास पहुँचने वाली होती है। एक अजीब-सी गर्म और भारी हवा मुझे सुन्न कर देती है। अपनी हत्या की साँसें मुझे छूने लगती हैं...और आखिरकार वह पल आ जाता है, जब मेरे जीवन का अन्त होने वाला होता है...

मैं रोता हूँ...भागने की कोशिश करता हूँ। मेरा पूरा शरीर नींद में ही पसीने में डूब जाता है। मैं जोर-जोर से बोलकर जागने की कोशिश करता हूँ...मैं विश्वास करना चाहता हूँ कि यह सब सपना है...और अभी आँख खोलते ही सब ठीक हो जायेगा...मैं सपने के भीतर अपनी आँखें फाड़ कर देखता हूँ...दूर तक...लेकिन वह पल आखिर आ ही जाता है...

माँ बाहर से मुझे देखती है। मेरा माथा सहलाकर वह मुझे रजाई से ढाँप देती है और मैं अकेला छोड़ दिया जाता हूँ। अपनी मृत्यु से बचने की कोशिश में जूझता, बेदम होता, रोता, चीखता और भागता।

माँ कहती हैं मुझे अभी भी नींद में बड़बड़ाने और चीखने की आदत है। लेकिन मैं पूछना चाहता हूँ और यही सवाल मुझे हमेशा परेशान करता है कि मुझे आखिरकार अब तिरिछ का सपना क्यों नहीं आता?

अलका सरावगी

(1960)

जन्म : नवम्बर, 1960, कोलकाता।

शिक्षा : कोलकाता विश्वविद्यालय से रघुवीर सहाय पर शोध-कर्ता।

कृतियाँ

कहानी-संग्रह : कहानी की तलाश में (1966), दूसरी कहानी (2000)।

उपन्यास : कलि-कथा : वाया बाइपास (1998; साहित्य अकादमी पुरस्कार से सम्मानित); शेष कादम्बरी (2001; के. के. बिरला फाउंडेशन के बिहारी पुरस्कार से सम्मानित); कोई बात नहीं (2004)।

सम्पर्क : 2/10, शरत बोस रोड, गार्डन अपार्टमेंट्स गुलमोहर, कोलकाता-700020

दूसरी कहानी

अपर्णा एक कहानी लिखना चाहती है पिछले पन्द्रह बरसों से। अपने जीवन की पहली और अन्तिम कहानी। पर वह कहानी कभी वही कहानी नहीं रहती—समय के साथ वह हर बार एक बदली हुई कहानी होती है। वह कभी लिखी नहीं जाती। बन जाती है, पूरी, पर निराकार रहती है। एक बार नौवें साल में उस कहानी ने शरीर ग्रहण कर लिया था, जो ठीक-ठाक ही था। ठीक इस अर्थ में कि यदि वह तीसरे-चौथे साल में ही आकार ग्रहण करती तो उसके रेशे बहुत दुख, पीड़ा, वेदना, कष्ट या ऐसे ही शब्दों के पर्यायों से बनते। और वह भी कोई ऐसा-वैसा मामूली-सा दुख नहीं, बल्कि ऐसा कि एक-एक पल को एक-एक वर्ष की तरह जीते हुए मनुष्य ब्रह्मा-विष्णु हो जाये, तो भी दुख का तल उसे नहीं मिले। लेकिन इस तरह दुख की उघाड़ दिखलाना क्या अश्लील-सा नहीं? और फिर उसकी इकलौती कहानी अपने दिल की कटुता और नफरत की भ्भड़ास निकालते हुए लोगों से बदला लेने का अस्त्र क्यों हो? अपर्णा ने हर बार रुक कर देखा तो पाया कि वे सब लोग उसके सबसे अपने हैं।

नौवें वर्ष की उस कहानी को अपर्णा इन सबसे बचाते हुए लिखना चाहती थी। इसलिए उसने अपनी कहानी को एक माँ-बेटे की कहानी बनाया। उसने उसमें दुनिया को घुसने ही नहीं दिया। इससे फायदा यह हुआ कि उसमें से वे ढेर सारे अपने और पाराये लोग निकल गये, जो उसके दिमाग़ में घुस कर उसके अन्दर हाहाकार पैदा करते रहे थे। यदि आपने कभी किसी सच्ची वेदना को जाना है, तो आप समझ लेंगे कि आदमी के अन्दर ऐसे समय में जो होता है, वह हाहाकार ही होता है। (यदि आपनें किसी ऐसे क्षण को जाना है तो पौराणिक कथाओं के अन्त में आने वाली शुभकामनाओं की तरह यहाँ आपके लिए कामना की जा सकती है कि आप इस हाहाकार को कभी न जानें।) बहरहाल, अपर्णा की कहानी में उसके सबसे नज़दीक के वे लोग नहीं घुस पाये, जो उसके बेटे सुदर्शन को बेचारा, अपंग या ऐसा ही कोई लुंज-पुंज शब्द कह कर उसके जीवन में देर तक घुसे रह जाते थे।

वे अपने लोग भी बाहर गये, जो उसकी तरफ बिलकुल ध्यान नहीं देते थे, जैसे कि लोग गरीबों के गन्दे, फटेहाल बचपनों में कोई बचपन नहीं देखते। वे लोग तो उस कहानी में आते ही क्यों भला, जो अपने न थे, पर चलते-फिरते, ज़िन्दगी में मिल जाया करते थे—सुदर्शन की नकल उतारते हुए या उस पर हँसते हुए। लेकिन फिर भी उस कहानी में—जो कि सिर्फ एक माँ-बेटे की कहानी होना चाहती थी—बार-बार जीवन का यथार्थ कभी दुख बन कर, तो कभी संघर्ष बन कर, घुसता रहा। नतीजा यह निकला कि सारी कोशिशें के बावजूद वह कहानी भी अशरीरी ही रह गयी।

उस कहानी की शुरुआत वहाँ से होती थी जब अपर्णा बहुत देर से गहरी नींद में सोते हुए अपने बेटे का मासूम चेहरा और बड़ी-बड़ी पलकों वाली मुँदी हुई आँखें देखते हुए अपने अन्दर ऐसा भारीपन महसूस कर रही थी कि उसके लिए साँस लेना भी मुश्किल हो रहा था। उसने एक गहरी साँस भर कर सीधे लेटते हुए अपने हाथ से कलेजे के बीचोंबीच उस जगह को दबाया जहाँ ऐसे मौकों पर उसे दर्द हुआ करता था। कुछ राहत मिलने पर वह फिर कोहनियों के बल लेट कर नौ साल के सुदर्शन का चेहरा देखने लगी, जिसकी त्वचा अब भी एक नवजात शिशु की तरह कोमल और पारदर्शी थी। उसके माथे पर हाथ फेरते हुए अपने व्यवहार पर फिर एक बार वही अफसोस उसके अन्दर उमड़ पड़ा। उसकी जल्दी न भरने वाली आँखें भर आयीं। क्या हो जाता है उसे? कहाँ से यह खीझ उसे बींधती हुई निकलती है। सुदर्शन को चोट पहुँचाती हुई? क्यों वह दुनिया को—उस दुनिया को जो ठीक-ठाक चलनेवाले और बोलनेवाले और बोलनेवाले बच्चों की दुनिया है—अपने और सुदर्शन के बीच आने देती है? क्यों वह उसे एक-एक हरकत पर टोकने लग जाती है कि वह ठीक से चले, ठीक से बोले, मुँह को इस तरह रखे, हाथों को ऐसे रखे—यह जानते हुए भी कि इन बातों पर उसका कोई वश नहीं है और वह खुद अपने बूते से अधिक चेष्टा करता है? क्यों वह उसकी टीचर ही बनी रहती है और बादल बन कर उस पर बरस जाना चाहती है। अपर्णा ने एकदम निस्सहाय होकर तकिये में मुँह छिपा लिया—'हे प्रभु, तुमने भी मेरा साथ छोड़ दिया।' ये शब्द उसके अन्दर कहीं दूर से आकर बज गये—'मैं क्या करूँ? आखिर मैं क्या करूँ?'

नौवें साल में लिखी इस कहानी में अपर्णा ने इस बिन्दु पर आ कर यह पाया था कि उसकी कहानी में दुख सेंध लगाने लगा है। एक माँ-बेटे की कहानी में, जिसमें माँ अपने बेटे को दुनिया की किसी भी माँ से कम प्रेम नहीं करती और बेटा भी अपनी माँ से उतना ही प्रेम करता है जितना कि दुनिया का कोई भी बेटा अपनी माँ से कर सकता है, दुख का क्या काम है? क्या प्रेम ही जीवन में किसी भी रिश्ते को या खुद जीवन को ही अर्थ नहीं दे देता—यह सोच कर अपर्णा ने याद किया था कि कैसे उसके रिश्ते दुनियावालों से इस बात पर बनते-बिगड़ते-सुधरते रहे थे कि उनके लिए सुदर्शन क्या है। कभी किसी की सहानुभूति चुभ गयी थी, तो कभी किसी की

उपेक्षा। अपर्णा ने यह जान लिया था कि अक्सर लोग सिर्फ कहने के लिए ही कुछ कहते हैं और दरअसल वे एक राहत ही महसूस करते होते हैं कि उनके जीवन में ऐसी कोई समस्या नहीं आयी। वे घर जा कर अपने बच्चों को अधिक दुलराते हैं, जिन्हें वे अन्यथा हमेशा पढ़ने में या खेल में बेहतर बनाने के लिए डाँटते-झिड़कते होते हैं। अपनी-अपनी जिन्दगी के रजिस्टर में दुख-सुख का हिसाब-किताब तो हमेशा दूसरों के दुख-सुख के अनुसार ही बनता है, उसका अपने आप में कोई स्वतन्त्र लेखा-जोखा थोड़े ही होता है। "कितना दुख झेलना पड़ा तुम्हें बेटी। कोई क्या कभी सोच सकता था कि सब बहनों में तेज तुम्हारे जैसी लड़की को यह सहना होगा।" अपर्णा ने यह सुन कर अपने दुख को सबके सुखों के साथ रख कर देखा था। नहीं, दुख कोई दुख नहीं है। दुख भी सुख है। इसे उसे ज़िन्दगी के अन्तिम सत्य की तरह पाना होगा। इसलिए उसने बुद्ध की तरह सबको छोड़ दिया था। दुख का अन्त करने के लिए चलना होगा सब छोड़ कर। माता-पिता, भाई-बन्धु—कोई नहीं। वहीं से शुरू होता था सुख—एक जीवन को गढ़ने-बनाने का, जीवन जीने का सुख, जिसमें एक-एक पल समय का ऐसा हिस्सा था जिसमें जीवन के भरे होने का एहसास ज़िन्दा था। सम्भावना से भरा हुआ एक पल। उसमें दुख कहीं दूर-दूर तक नहीं था। बहुत सुन्दर प्रतिमा बनाने वाले कलाकार की तरह दिन-रात महीनों-वर्षों का अकष्टकर कष्ट।

तीन मोमबत्तियाँ केक पर जलती हुई। बहुत सारे बच्चे कागज की रंग-बिरंगी टोपियाँ पहने टेबल के चारों ओर खड़े हैं। मुँह में सीटियाँ, जिनमें गोल घूमा हुआ कागज जुड़ा है, जो सीटी में फूँकते हर हवा से सीधा खुल जाता है। सुदर्शन को गोद में ले कर अपर्णा ने उसे अपना सहारा दे कर उसका हाथ और चाकू दोनों एक साथ पकड़ कर केक कटवाया—मोमबत्तियाँ बुझा दो बेटा।" सुदर्शन फूँक नहीं सकता। यह कोशिश करता है, पर हवा निकलती नहीं। समझ में आने पर अपर्णा फूँक कर मोमबत्तिया बुझा देती है। उसकी आँखें सामने कैमरा लेकर फोटो खींचने के लिए खड़े पति अजित से मिल जाती हैं। वह तुरन्त आँखें हटा लेती है। नहीं, किसी से कोई सम्वाद नहीं चाहिए—न शब्दों से, न शब्दहीन। रात को दोनों अगल-अगल जागते हुए सोते हैं, बिना हिले-डुले। अगले दिन की सुबह। अजित वही सीटी लिये सुदर्शन को फूँकना सिखाते हैं। बीच-बीच में थोड़ी-सी हवा अन्दर पहुँचती है और कागज थोड़ा खुल कर सीधा हो जाता है। अजित हर बार खुश हो कर अपर्णा को देखते हैं। उन दोनों के बीच एक सन्तोष का समुद्र फैला है जिसकी लहरों में वे झूलते रहते हैं। अजित हर बार खुश होकर अपर्णा को देखते हैं। उन दोनों के बीच एक सन्तोष का समुद्र फैला है जिसकी लहरों में वे झूलते रहते हैं। अजित के दफ्तर जाने के बाद अपर्णा इस काम में लगती है। फिर एक गिलास पानी में पाइप डाल कर उसमें सुदर्शन से फुँकवाती है। गुड़-गुड़-गुड़-गुड़। हूँ। अगले जन्मदिन की चार

मोमबत्तियाँ वह बुझायेगा खुद फूँक मार कर। अब पलँग का सिरा पकड़ कर खड़े होने की कसरत। अब पलँग के चारों तरफ पकड़-पकड़ कर चलना। एक महीना, दूसरा महीना, तीसरा, चौथा कितने घण्टे, कितने मिनट, कितने पल। हाँ, यह डालो इस डिब्बे में। यह गोल टुकड़ा इस छेद से जायेगा डिबे में—देखो चला गया—यह चौकोर— स्क्वायर—इस छेद में। हाँ, शाबाश! राजा बेटा। अब बोलने की प्रैक्टिस। ला-लो-ले-ली। केला, केले, कोलो, कोली। "कितने शब्द बोल लेता आपका बच्चा?" "तेईस, डॉक्टर।" डॉक्टर की आँखें चश्मे के ऊपर से उसे ग़ौर से देखती हैं। वह तेईस शब्द धड़ाधड़ गिनवाती है। "डॉक्टर, यह ठीक हो जायेगा न?" आप आठवें डॉक्टर हैं, जिनसे मैं यह प्रश्न पूछ रही हूँ—अपर्णा उन आँखों को फिर नहीं देखती। प्रश्न-सूची वापस थमा कर डॉक्टर पन्ने पर बायीं तरफ लिखने लगता है—मेंटली रिटार्डेड (मानसिक रूप से अक्षम)। नहीं डॉक्टर, तुम कुछ नहीं जानते। मेरा बच्चा सब समझता है। तुम गलत हो। तुम्हें कोई परवाह नहीं कि तुम जो लिख रहे हो, वह कितना गलत है और उससे कितना नुकसान हो सकता है। हमारी हिम्मत टूट सकती है। मेरा बच्चा है। मैं जानती हूँ कि वह सब जानता है। बोल नहीं सकता तो क्या? 'हम होंगे कामयाब एक दिन'—श्वेत-श्याम टी.वी. पर लाइनों में खड़े हो कर सैकड़ों बच्चे कहीं गाते हुए दिखते हैं। बहुत-बहुत दिनों के बाद अपर्णा की आँखों से आँसू बहते हैं। पूरा गीत पहली बार सुनने से ही याद हो गया है। 'हम चलेंगेसाथ-साथ...'— कितना बड़ा काम है चलना। लेकिन सभी तो चलते हैं। नुक्कड़वाली भिखारिन का कितना छोटा बच्चा चलने लगा है। नहीं, ऐसे मत सोचो। लिखो भी मत। डायरी में भी नहीं। "डॉक्टर का प्रिसक्रिप्शन दिखाओ मुझे"—अजित कहते हैं। "पता नहीं कहाँ गिर गया? गिर गया कहीं शायद। छोड़ो। कोई काम का नहीं था।"

नौवें साल में लिखी कहानी बार-बार स्मृतियों में भटक जाती है। क्या दो जीवों के बीच की कहानी उनके आज में रह कर प्रेम के तानों-बानों से बुनी नहीं जा सकती? लेकिन आज में कल की हर पल मौजूदगी को कैसे आने से रोका जाये? आज सुबह सुदर्शन ने अपर्णा से कहा है—"मैं तुम्हारे पेट से पैदा ही नहीं होता, तो अच्छा होता।" इस वाक्य में ग्यारह शब्द हैं। चोट खा कर चोट पहुँचाने के लिये बोले गये शब्द। लेकिन ये शब्द कोई आघात पैदा नहीं करते। बस, एक एहसास कि वह शायद जूझते-जूझते थक गयी है और दौड़ते-भागते बच्चों की दुनिया को अनजाने उन दोनों के बीच ले आती है। अपर्णा इन शब्दों से यह जान पाती है और यह भी कि अपनी माँ से अब भी जैसे जन्मनाल से जुड़ा होने के बावजूद उसे यह अधिकार नहीं देता कि उसकी हिम्मत पस्त करे। ठीक उसी तरह जैसे अपर्णा किसी और को यह अधिकार नहीं देती। पर अपर्णा निर्वाक ज़रूर है इन शब्दों के सामने। नहीं, दुख नहीं। एक नन्हा पौधा अपने पाँव जमाता खड़ा हो रहा है। और शब्दों में

अर्थों को उतना ही भरना और निकालना होता है जितना उनका अर्थ जीवन में होता है–यह भी उसे सुदर्शन ने बतलाया है–कितनी तरह से।

वह चिट्ठी लिख रही है सुदर्शन के पहले स्कूल की प्रिंसिपल को। सुदर्शन कुर्सी के पीछे खड़ा हो कर उसके लिखने को देखता है। वे दोनों आज नये स्कूल की छुट्टी होने के कारण उस औरत से कई साल बाद मिलने जा रहे हैं जिसने सुदर्शन को एक नयी ज़िन्दगी का मौका दिया था। ऐसा करने की योजना अपर्णा ने बनायी है। लिखते हुए उसके शब्द कृतज्ञता के घोल में डूब रहे हैं–वह बार-बार उन्हें निकाल पन्ने पर सजाती है। वह नहीं चाहती कि सुदर्शन पढ़े कि वह क्या लिख रही है, पर उसे यह भी नहीं कहना चाहती कि वह न पढ़े। सुदर्शन कहता है–"कितनी खराब चिट्ठी लिखी है तुमने। मैं सोच भी नहीं सकता था कि तुम ऐसी चिट्ठी लिखोगी। क्या सीधे-साधे धन्यवाद नहीं लिख सकती, उन्होंने जो किया उसके लिए?" वह त्वरित गति से अपनी चिट्ठी की चिन्दी-चिन्दी कर देती है। भावुकता के लिए गुंजाइश उसके पास हो सकती है, सुदर्शन के पास नहीं। उसे ज़िन्दगी जीनी है, उस पर सिर्फ़ विचार नहीं करना है। "धीरे चलो, गिर जाओगे। अभी तक पिछली बार के घुटने छिले हुए हैं। "तो क्या हुआ? मुझे गिरने से दर्द नहीं होता।"–सुदर्शन के शब्द उसके दिल में छेद कर देते हैं बिना दर्द के। वह सुदर्शन को इस तरह चकित हो कर देखती है कि जैसे पहली बार कोई बर्फ से ढँकी हिमालय की चोटियों को देखता है। पिकनिक में आँख के ऊपर भौंह के पास गहरी चोट लगी है। खून बह रहा है। सारे लोग घबरा रहे हैं। अपर्णा शान्त रहती है। रूमाल दो। मिसेज शर्मा अपना नया रूमाल हाथ में दबाये रखती हैं। एक और साथ छूटा। अपर्णा दूसरी तरफ देखती है। कोई रूमाल देता है। सिलाई करवानी पड़ेगी। घाव गहरा है। डॉक्टर कहता है–"आप अपने पति को अन्दर भेजिए। आप बाहर बैठिए। बच्चे को कस कर पकड़ना होगा।" "मेरे पति यहाँ नहीं हैं। आप कीजिए सिलाई कोई बात नहीं है।" डॉक्टर उस बच्चे को हैरानी से देखता है जो सिलाई करवाते हुए चिहुँकता तक नहीं। वह निर्विकार भाव लिये खड़ी माँ से कहता है–"आपका बच्चा बहुत बहादुर है। आप अब बाहर जाकर बैठ जाइए। चक्कर आ जायेगा।" अपर्णा मुस्कराती है। "मेरे पति होते तो शायद उन्हें आ जाता। क्यों बेटा?" सुदर्शन मुस्कराता है–"अच्छा हुआ, पापा पिकनिक पर नहीं आये।"

'तुझसे नाराज नहीं ज़िन्दगी, हैरान हूँ, तेरे मासूम सवालों पर परेशान हूँ।' "मम्मी, तुमने मुझे कैसे स्कूल भेजा, जब मैं चलता भी नहीं था?" सुदर्शन कहानी सुनना चाहता है। अपनी कहानी। बार-बार। "क्यों तुम इसे यह सब बताती हो? या इसके सामने दूसरों को यह सब क्यों बताती हो?"–अजित कहते हैं "क्या हर्ज है? उसे तो जानना ही चाहिए।" "नौ साल की उम्र में उसे सब कुछ जानना चाहिए?" ..."साढ़े तीन साल की उम्र में तुम्हारे लिये एक छोटे सकल में गयी तो

प्रिंसिपल ने फीस ले कर अगले दिन लौटा दी। कहा कि वह तुम्हें नहीं भरती कर सकती है।" "तुम्हें कितना गुस्सा आया होगा मम्मी! है न? तुम गुस्से में अच्छी लगती हो''—सुदर्शन मुस्कराता है वह हँसती है "बहुत। मन तो हुआ आग लगा दूँ यहाँ।" "फिर?" "फिर क्या? जानते तो हो। इन्हीं मिसेज अली अकबर को चिट्ठी लिखी। उस समय तुम नहीं थे न, बताने वाले कि कैसे चिट्ठी लिखी जाये। मैंने लिखा कि क्या उनमें इतनी हिम्मत है कि वे एक असाधारण बात को स्वीकार कर सकें? और वे नहीं करेंगी तो कौन करेगा? मिलने गई, तो उन्होंने कहा—बैठिए।'' ''तुमने कहा कि तुम नहीं बैठोगी। पहले वे वहाँ या ना में जवाब दें''—सुदर्शन का स्वर उत्तेजित है। ''हाँ, तब उन्होंने कहा—अच्छा, में आपके बेटे को अपने स्कूल में ले लूँगी। आप बैठिए। मुझे उसे देखने तो देंगी एक बार?'' दोनों हँसते हैं। ''फिर तुम्हारे लिए हत्थेवाली कुर्सी आयी और लकड़ी को कटघरानुमा वॉकर बनवाया गया जिसके नीचे चार चक्के थे। बस तुम चल निकले घर्र-घर्र। साढ़े पाँच साल की उम्र में दूसरा स्कूल। तब तुम हाथ पकड़कर चल लेते थे। वहाँ मिली आरती आँटी। एक कॉलेज पास करके आई लड़की। सारे बच्चे लाइन लगाकर तुम्हारा हाथ पकड़ने के लिए सुबह खड़े हो जाते। आरती आँटी ने कहा है। बाद में आरती आँटी ने हल्ला-गुल्ला रोकने के लिए नम्बर बाँध दिया। एक दिन कोई नहीं आया पास। आँटी, आरती आँटी ने कहा है, सुदर्शन अपने आप चल सकता है। उसका हाथ नहीं पकड़ना है। मैं हक्की-बक्की खड़ी रही। तुमने मेरा हाथ छोड़ा और चल दिये। धीरे-धीरे। अपने आप।'' यहाँ वे दोनों चुप हो जाते हैं एक क्षण। हँसते नहीं। यहाँ एक बार फिर सुदर्शन के साथ जिन्दगी के सामने श्रद्धा से झुक जाती है। वह जानती है कि सुदर्शन इसी जगह पहुँचने के लिए शुरू से पूरी कहानी सुनता है। ''आरती आँटी से मिलने चलोगे?'' ''नहीं, थोड़े दिनों के बाद। उसकी शादी हो गयी न?'' ''हाँ, नहीं तो तुम कर लेते क्या उससे शादी?'' फिर दोनों हँसते हैं। यह हँसी भूत और भविष्य से मुक्त हँसी है। न इसमें भोगे हुये की पीड़ा है। और न आने वाले कल का डर। इसलिए यह हँसी हँस ली जाती है।

डर? अनंत, अनजाने-कितने डर! अपर्णा को डर है कि सुदर्शन एक दिन अब तक न आये दुखों से डरने लगेगा। उसने इस डर को जिया है। उसे मालूम है। कितने साल पहले की बात है? एक दिन वह लेटी हुई अजित को ऑफिस जाने के लिए तैयार होते देख रही थी। अजित ने जब अपनी कमीज पैंट में घुसाकर पेट को सिकोड़ा कि पैंट का बटन बन्द कर सके, अपर्णा एकदम बुरी तरह घबरा गयी थी। उसके अन्दर एक हौल-सा उठा। क्या कभी सुदर्शन इस तरह खुद तैयार हो सकेगा। छोटे-छोटे काम कितने बड़े हो गये थे, जिन्हें कभी जाना तक नहीं था कि उन्हें भी सीखना-सिखाना पड़ता है। ''मंजन का ट्यूब दबाओ। ब्रश को पकड़ो ऐसे—नहीं, यहाँ रख दो। फिर टयूब को पकड़कर मंजन लगाओ। फिर दाँतों में

घिसो। ऐसे-ऐसे। अब कुल्ला करना है।'' अँगुलियों में पानी नहीं ठहरता। मुँह तक लाते-लाते गिर जाता है। अन्जलि खाली। ''अच्छा, कोई बात नही, यहाँ एक गिलास रख दिया है। लो, गिलास में पानी भरकर कुल्ला करो।'' खाना खाना। चम्मच से उठा कर मुँह तक ले जाना। बीच में खाना गिरे नहीं। मुँह में सीधे। नाक में नहीं। कपड़े पहनना। बटन लगाना। बिना फीते के जूते खरीदना। टट्टी कराने के बाद खुद धोना। मद्रास के डॉक्टर ने प्रिसक्रिप्शन लिखा है–दो बच्चे और पैदा करो। हाँ, उसे क्या मालूम है कि हमारे पास कितना समय है, बच्चे पैदा करने और पालने का। एक मिनट खाली नहीं। जब तक सुदर्शन जागता रहता है, तब तक अनन्त पाठ्यक्रम–अनन्त काल। सुदर्शन सीढ़ी चढ़ना-उतरना सीख रहा है। "तुम गयी नहीं आज उसके साथ एक्सरसाइज करवाने?"–अजित फोन पर पूछ रहे हैं। "नहीं, आज से मैं नहीं जाऊँगी। वह मुझे देख कर ठीक से नहीं करता। रोता है कि और नहीं करूँगा। थोड़ी छुट्टी मिली है मुझे, आज अलमारी साफ कर लेती हूँ।'' अपर्णा कुछ नहीं करती। कोई अलमारी नहीं खुलती। वहाँ उसे देख नहीं पाती। हर क्षण लगता है कि वह सीढ़ी से गिर जायेगा। वह चारों तरफ खून-खून देखती है। नहीं, डरने से नहीं चलेगा। वह नहीं गिरेगा। सीखना तो होगा। "सीढ़ी पर थोड़ा सँभल कर चलना, हाँ बेटा? वहाँ गिरने से तुम्हारी 'रिपेयरिंग' में बहुत मुश्किल होगी। ठीक?"–अपर्णा कहती है। सुदर्शन मुस्करा देता है–"तुम हमेशा ऐसे बात करती हो जैसे मैं कोई गाड़ी हूँ।" वह हँसती है। फिर गम्भीर हो जाती है। "प्लीज, मेरे लिए। सीढ़ी पर गिरना नहीं। ध्यान से।" "चिन्ता मत करो मम्मी। जिस दिन बिना रेलिंग पकड़े सीढ़ियाँ चढ़ जाऊँगा, उस दिन तुम देखने आना।" वह क्या जानता है कि उसने साथ जाना क्यों छोड़ दिया है? अपर्णा कौतूहल से उसे देखती है–वह जो उसे न सीखे हुए कितने पाठ पढ़ा रहा है। अपर्णा उसे खींच कर अपनी गोद में बैठा लेती है–"तुमसे मेरा जीवन कितना सुन्दर है।" "सच कह रही हो तो? थोड़ी देर में कहोगी–मैं तो परेशान हो गयी तुम्हारे कारण। तुम कोई बात सुनते ही नहीं"–सुदर्शन उसकी नकल उतारता है।

"फिर तुम कूबड़ निकाल कर बैठ गये? रीढ़ की हड्डी सीधी नहीं रख सकते? कितनी बार तुमसे कहना पड़ेगा? हूँ, बस मुँह फुला लो। हो जाओ गुस्सा। तुम्हारे अच्छे के लिए ही तो कहती हूँ। लम्बे नहीं हो पाओगे इस तरह।" दिमाग की टिक-टिक। कभी कोई बात, कभी कोई–दिन हो रात, गायब नहीं होती। अजित के साथ ऐसा होता है, तो वह चिढ़ जाती। "क्यों पीछे पड़ जाते हो उसके? जितना होता है, चेष्टा करता तो है।" "और तुम जब एक बात को उसे सौ बार कहती रहती हो, तब? वह पीछे पड़ना नहीं होता?" अजित ने एक बार उसे बताया था कि जब वे शहर से बाहर होते हैं, तो रात-भर सो नहीं पाते। वह भी इसी तरह सोचती है कुछ-कुछ। पर वे दोनों क्या सोचते हैं, इस बारे में आपस में कोई सम्वाद नहीं किया

जा सकता। क्या फायदा? कुछ भी कहना दूसरे की तकलीफ बढ़ाना नहीं है? कौन कहता है कि दुख बाँटने से आधा हो जाता है? बेकार की बात है। कभी-कभी अजित ने इतना-भर पूछ लिया है—"यह ठीक हो जायेगा न?" बस इतना ही। अपर्णा ने पूरे विश्वास के साथ, कुछ आश्चर्य का पुट लगाते हुए कहा है—"और नहीं तो क्या? तुम क्या समझते हो ठीक नहीं होगा? देखते नहीं, हम लोगों से ज्यादा समझदार है।" "मेरा मतलब शारीरिक रूप से?" "जब इतना ठीक हो गया है, तो क्या नहीं होगा? पाँच साल में पचास प्रतिशत ठीक हुआ है तो अगले पाँच सालों में बाकी के पचास प्रतिशत नहीं होगा?" अपर्णा यह कहते हुए सोचती है—क्या फर्क पड़ता है कि अस्सी-नब्बे प्रतिशत ही हो। क्या सभी लोगों में किसी-न-किसी तरह की कमियाँ नहीं है? सुदर्शन कितना ख़ुशमिज़ाज है, कितना धैर्यवान! उसके जैसा कौन है? क्या एक जीवन काटने के लिए कुछ काफी नहीं है? उसके स्कूल की टीचरें कहती हैं—"हम इसे क्या सिखायें? हम ही इससे सीख रहे हैं।"

पर अजित शायद अपर्णा की तरह नहीं सोच सकते। पुरुष कमजोर होता है। उसे आश्वासन चाहिए इसी क्षण। वह सह नहीं सकता। अजित रोते हैं। एक दिन बाहर यात्रा से लौट कर। वह बिना अवसाद के उनका रोना देखती है। टप-टप गिरते निःशब्द आँसू। अपर्णा ने आज इण्डियन म्यूजियम सुदर्शन के साथ घूम कर देखा है। कितना आनन्द! वह कितना कुछ जानता है इतिहास की किताबों से। लोग उसे हिलते-डुलते चलते देखते हैं कौतुक से। पर वह खुश रहता है अपने में। कहाँ से आती है यह हिम्मत? अपर्णा एक बचपन की सहेली को वहाँ देख कर उससे बच कर आड़ ले लती है—क्या फायदा बात करने से? अभी सुदर्शन के बारे में विस्तार से बताना होगा। सुदर्शन का उत्साह देख कर वह भी मूर्तियों को बहुत ध्यान से देखती है—उसकी आँखों से। वह अजित की भरी हुई आँखों में देखती है—मैं समझ सकती हूँ कि तुम्हें चिन्ता होती है। दुख होता है। पर तुम देखो कि मैं तो उसकी माँ हूँ, मुझे कोई दुख नहीं है। तुम मुझे रुला नहीं सकते। वह किसी से कम नहीं—यह देख सकने के लिए तुम्हें ही अपने दुख को खुद जीतना होगा। मैं कुछ नहीं कर सकती तुम्हारे लिए।

अपर्णा नौवें साल में लिखी कहानी को उलट-पुलट कर कई बार पढ़ती है। आज पन्द्रहवें साल में उस कहानी में बहुत-सी कतर-ब्योंत की जा सकती है यानी बहुत-सा अनचाहे घुस आया दुख उससे निकाला जा सकता है। इस एहसास में एक सन्तोष है, हालाँकि यह सवाल उतने का उतना ही बना रह गया है क्या सचमुच दुख कोई दुख नहीं—और यदि नहीं है तो इस बात को रोज एक नये सिरे से समझना क्यों पड़ता है? क्यों बार-बार एक सही-सलामत दुनिया उसके और सुदर्शन के बीच आकर खड़ी हो जाती है। सुदर्शन ने नौवें साल में उससे कहा था—"मैं तुम्हारे पेट से पैदा ही नहीं होता तो...तो अच्छा होता।" अपर्णा यह सुनकर सुन्न हो गयी थी।

सारे दिन जैसे बेचैनी के अथाह पानी में डूबती-उतराती वह शाम को सुदर्शन को लेने स्कूल पहुँची थी। सुदर्शन भी हमेशा की तरह उस दिन उसे देख उल्लसित नहीं हुआ था। दोनों चुप-चुप थे। यह अपने सुन्न दिमाग को कुरेदती हुई कुछ कहने के लिए खोजती रही थी कि सुदर्शन बोला था—"मम्मी, तुमने मुझे इतनी अच्छी तरह पढ़ाया कि मुझे हिस्ट्री में सबसे अच्छे नम्बर मिले हैं।" "अच्छा," अपर्णा ने अपने शब्दों में उत्साह भरने की कोशिश की थी। ज़िन्दगी में बहुत कुछ है—भरापन, जिसे जाने-महसूस किये बिना जीने का कोई मतलब नहीं है। अपर्णा ने अपने को बटोरना चाहा था। सुदर्शन हल्के-हल्के मुस्कराते हुए उसे देख रहा था—"मम्मी, तुम मेरे सब दोस्तों की मम्मियों से ज़्यादा इंटेलिजेण्ट हो। और सबसे सुन्दर भी। आई एम प्राउड टू बी योर सन मम्मी (मुझे तुम्हारा बेटा होने पर गर्व है)" अपर्णा ने गले से ऊपर उठते आवेग को रोक लिया था। पर एक क्षण लम्बा होता हुआ दोनों के बीच सन्नाटे को फैलाता रहा था। फिर अपर्णा से रहा नहीं गया था—"और सुबह क्या कह रहे थे तुम!" "सुबह? ओहो! तुम जानती हो कि वह तो मैंने वैसे ही कहा था जैसे गुस्से में तुम मुझे कुछ-कुछ कहती हो। ऐसी बातों का कोई मतलब होता है क्या?'' नौवें साल में लिखी माँ-बेटे की कहानी इस बिन्दु पर आ कर रुक गयी थी—इस समझ के साथ कि शब्दों का हर बार कुछ अलग मतलब होता है।

पन्द्रहवें साल में इस बिन्दु पर अपने को पा कर अपर्णा ने सारी बातों के मतलब को एक बार फिर बेमतलब कर देना चाहा था। ऐसा करने की ज़रूरत उसे फिर एक बार शिद्दत से महसूस होने लगी थी। नहीं, किसी बात का कोई मतलब नहीं होता। कम-से-कम इतना बड़ा मतलब तो नहीं होता कि उसके सामने ज़िन्दगी बौनी पड़ जाये। पर क्या यह बात उसे सुदर्शन से ही बार-बार सीखनी होगी, तो भी इस बात का इतना मतलब नहीं होता कि सुदर्शन अपनी माँ को इस बारे में बता तक दे। यदि उसे सुदर्शन के एक दोस्त से जो उससे दूर के रिश्ते से कुछ सम्बन्ध रखता है, इस बारे में पता चल भी जाये तो भी ऐसी बातों का इतना मतलब नहीं होता कि सुदर्शन टीचर को उस लड़के की शिकायत करने दे या उस लड़के को ऐसा-वैसा करने की धमकी तक देने दे। लेकिन अपर्णा के लिए हर बात का एक मतलब होता है—कई बार इतना गहरा और दो-टूक मतलब कि बरसों-बरस भी रत्ती भर धुँधला नहीं होता। जो रिश्ते इन मतलबों ने बदले, वे बदल ही गये। हमेशा के लिए। कई बार बहुत तकलीफ़ होने के बावजूद! "क्या सुदर्शन की शादी होगी?"—यह प्रश्न पूछने वाले अपने बहुत नजदीक के व्यक्ति को उसने कभी माफ नहीं किया है। वह तिलमिलाती है फिर उसी तरह आज भी किसी को यह अधिकार नहीं कि उसे भविष्य का अन्धकार दिखा कर डराये। उसके लिए ज़िन्दगी आज-भर है।

कितनी सारी बातें, कितने सारे मतलब—बल्कि हर बात के कितने सारे मतलब! "तुम क्यों जिद पर अड़ी हो? सुदर्शन को 'ऐसे' बच्चों के स्कूल में क्यों

नहीं भरती करवा देती?" "ऐसे बच्चों का स्कूल? सुदर्शन नार्मल स्कूल में पढ़ सकता है। यह कोई जिद की बात नहीं।"—अपर्णा अपनी बात कहते-समझाते हर बार अन्दर-ही-अन्दर मरती जाती है। दुनिया के लिए—और दुनिया उसके लिए। कितनी रातें जागते हुए, तारे देखते, किताबें पढ़ते—हर मतलब को बेमतलब बनाने के लिए कितनी साधना! पर हर बार ऊपर पहुँच कर फिर नीचे फिसल जाना—फिर वहीं, फिर वहीं—जैसे काई की बनी हुई सीढ़ियाँ चढ़ रहे हों।

कौन देगा मुक्ति इन सारे बदले हुए और बदलते रिश्तों से? सुदर्शन?—अपर्णा पन्द्रहवें साल में सोचती है। सुदर्शन? पन्द्रह साल की उम्र में?—अजित परेशान हो जायेंगे यदि वे किसी चमत्कार से उसके अन्दर की बात जान लें। 'हाँ, क्यों नहीं? वही समझ सकता है? उसे ही कहा जा सकता है क्योंकि वही सबसे सँभला हुआ है—हम सुख-दुख के बीच की सँकरी पगडण्डी पर चलते हुए बार-बार डगमगाते हैं—कभी इधर, कभी उधर,' अपर्णा संवादहीन संवाद करती है अजित से।

सुदर्शन स्कूल में टिफिन खाते हुए उसे अपने सबसे अच्छे दोस्त समीर के बारे में बता रहा है—"तुम जानती हो मम्मी मुझे वह क्यों पसन्द है? वह मुझसे बराबरी का व्यवहार करता है। जैसे कि समझो, यदि मैं उसका हाथ मरोड़ूँ तो वह भी मेरा हाथ मरोड़े बिना मुझे नहीं छोड़ेगा। बाकी लड़के ऐसा कभी नहीं करेंगे। वे मुझे कमजोर समझ कर छोड़ देंगे।" अपर्णा चुपचाप उसकी तरफ एकटक देखती रहती है। "क्या हुआ, क्या सोचने लगी तुम? बात करते-करते तुम पता नहीं कब सुनना बन्द कर देती हो। पापा कितनी बार तुमसे इसी बात पर गुस्सा हो चुके हैं।" अपर्णा हल्के से मुस्कराती है। "नहीं, बताओ नहीं क्या सोच रही थीं अभी? बताना पड़ेगा।" अपर्णा हिचकती है। आखिर बात सुदर्शन को ले कर ही है। बरसों से कसकती बात कण्ठ में अटकी हुई। न निगलते बने, न उगलते। "मैं कई सालों से एक बात को ले कर परेशान हूँ..." वह सुनता है। "लेकिन मेरी शादी की बात पूछने से इतनी तकलीफ क्यों...और जो तुम्हें इतना चाहता है, वह तुम्हें दुख पहुँचाने के लिए तो नहीं बोलेगा न? वैसे भी यह तो मेरी मर्ज़ी है कि मैं क्या करूँ या क्या न करूँ।" बात इतनी ही है। सचमुच फिर अपने दोस्त समीर की बातें करने लगा है। वह सुनती भी है, नहीं भी। अचानक वह हलकी हो आयी है।"...पहले देखो मैं कितनी परवाह करता था कि कोई लड़का मुझे तुम्हारे हाथ से खाते देखेगा तो मेरा मज़ाक बनायेगा। अब मुझे कोई परवाह नहीं। देखे तो देखे। पहले मैं डरते-डरते क्लास में बोलता था—न जाने कहाँ अटक जाऊँ। सारे लड़के साँस रोक कर सुनते थे। अब देखो, मेरा हकलाना काफी ठीक हो गया है। हमें लोगों की परवाह करना छोड़ना ही होगा।"

अपर्णा हँसती है उसकी बात सुन कर। खुली हँसी। कितना गहरा सुख। एक और शुकदेव—पिता व्यास मुनि को ज्ञान देता हुआ। हवा में जाड़े ही धूप उड़ रही

है। “अच्छा बाबा, मैं तुम्हें एक बार प्यार कर सकती हूँ?” वह आँखें बड़ी-बड़ी करके मना करते हुए कहता है—“नो। नॉट एट ऑल। लोगों के सामने हरिगज नहीं।” टिफिन खत्म हो गया है। वह हँसते-हँसते जाने के लिए उठ खड़ा होता है। पन्द्रहवें साल की यह दूसरी कहानी फिलहाल इस ज्ञान-दान और उससे निकले अनिर्वचनीय आनन्द पर खत्म होना चाहती है, हालाँकि आने वाले समय में यह कहानी बहुत बार बहुत तरह से लिखी जायेगी।

□□□